मैं सिर्फ
आपको एक ऐसा व्यक्ति
बनाने में मदद करना चाहता हूं
जो अपने विचार और भावनाएं
कहीं भी, कभी भी और
किसी के भी सामने
सशक्त रूप से व्यक्त कर सके
चाहे एक से बातचीत करनी हो
या
हजारों के बीच भाषण देना हो
एक क्षण के लिए भी
ना झिझक हो,
ना घबराहट हो,
सिर्फ
सफलता का विश्वास हो।

सफल वक्ता सफल व्यक्ति

डॉ. उज्जवल पाटनी

बैचलर ऑफ डेंटल सर्जरी (बी.डी.एस.)

एम.बी.ए. (मानव संसाधन)

एम.ए. (राजनीति विज्ञान)

सर्टिफाइड पर्सनालिटी ट्रेनर

मानव अधिकार विशेषज्ञ

लाइफक्राफ्ट गिनीज विश्व रिकॉर्ड होल्डर

डायमंड बुक्स

ISBN : 81-288-1098-7

प्रकाशक : **डायमंड पॉकेट बुक्स (प्रा.) लि.**
X-30, ओखला इंडस्ट्रियल एरिया, फेज-II
नई दिल्ली-110020
फोन : 011-41611861
फैक्स : 011-41611866
ई-मेल : sales@dpb.in
वेबसाइट : www.dpb.in

संस्करण: 2019
मुद्रक: संजय प्रिंटर्स

Safal Wakta Safal Vyakti
by : Dr. Ujjwal Patni

स्नेहिल और आदरपूर्ण समर्पण

पूज्य दादाजी

दानवीर सेठ स्व. श्री गुलाबचंद जी पाटनी

दादाजी, आज मैं जो भी हूं, आपके आशीर्वाद और
लालन-पालन से हूं।

पूज्य पिताजी

स्व. श्री महेन्द्र जी पाटनी

प्रिय पापा, आपका और मेरा प्रत्यक्ष साथ सिर्फ
10 साल का था परन्तु आज भी हर पल
मैं आपको अपने आसपास महसूस करता हूं।

आदरणीय मम्मी

श्रीमती किरण पाटनी

मैं आपके जैसी विलक्षण गुणों और अद्‌भुत साहस वाली
माँ का बेटा हूं, यही सदा मेरा सर्वश्रेष्ठ परिचय रहेगा।

आपके चरणों में अर्पण यह कृति

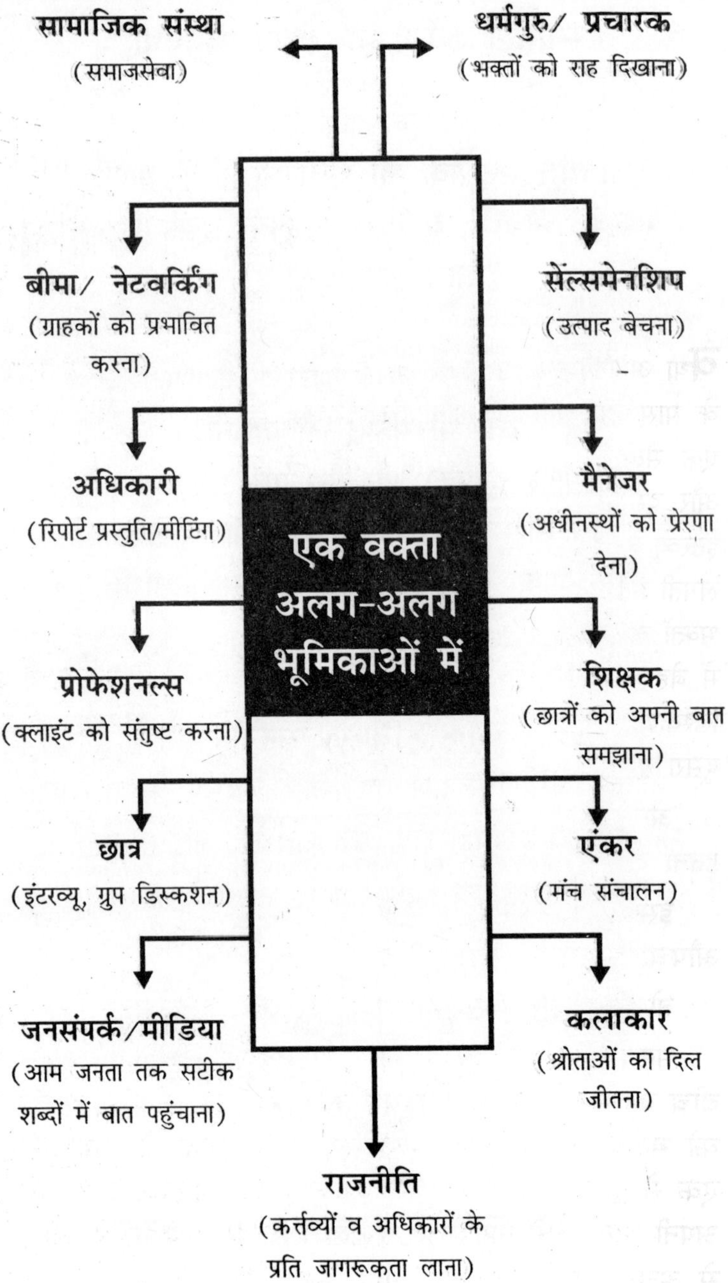
सामाजिक संस्था
(समाजसेवा)
धर्मगुरु/ प्रचारक
(भक्तों को राह दिखाना)
बीमा/ नेटवर्किंग
(ग्राहकों को प्रभावित करना)
सेल्समेनशिप
(उत्पाद बेचना)
अधिकारी
(रिपोर्ट प्रस्तुति/मीटिंग)
मैनेजर
(अधीनस्थों को प्रेरणा देना)
एक वक्ता अलग-अलग भूमिकाओं में
प्रोफेशनल्स
(क्लाइंट को संतुष्ट करना)
शिक्षक
(छात्रों को अपनी बात समझाना)
छात्र
(इंटरव्यू, ग्रुप डिस्कशन)
एंकर
(मंच संचालन)
जनसंपर्क/मीडिया
(आम जनता तक सटीक शब्दों में बात पहुंचाना)
कलाकार
(श्रोताओं का दिल जीतना)
राजनीति
(कर्त्तव्यों व अधिकारों के प्रति जागरूकता लाना)

पुस्तक को समझना हो तो इसे जरूर पढ़ें

मेरे मन की बात

क्या आपने कभी सोचा है कि क्यों समान योग्यता वाले एक शिक्षक के पास छात्र नहीं होते और दूसरे शिक्षक के यहां भीड़ होती है? क्यों एक सेल्समैन उन्हीं साधनों से बिक्री के तमाम लक्ष्य प्राप्त करता है और दूसरा असफल हो जाता है? क्यों एक एम.बी.ए. डिग्रीधारी को इंटरव्यू के बाद तुरंत नौकरी मिल जाती है और दूसरे को निराशा हाथ लगती है? क्यों एक गुरु का लाखों भक्त इंतजार करते हैं और दूसरे को भक्तों का इंतजार होता है? क्यों समान डिग्री वाला एक डॉक्टर मरीजों में बेहद लोकप्रिय होता है और दूसरा अलोकप्रिय? क्यों एक छात्र ग्रुप डिस्कशन और इंटरव्यू में घबराहट की वजह से फेल हो जाता है और दूसरा प्रश्नकर्ताओं का दिल जीत लेता है।

आखिर एक जैसी डिग्री और योग्यता होने पर सफलता में इतना बड़ा फर्क कैसे पैदा हो जाता है।

इसका अर्थ यह है कि हमारे शिक्षण संस्थानों में दी जाने वाली औपचारिक शिक्षा सफलता की गारंटी नहीं देती,

तो फिर जीतने के लिए कौन-सा गुण चाहिए?

महान वक्ता कारनेगी कहते हैं– **सफल और असफल व्यक्ति के बीच यह फर्क पैदा होता है प्रभावी बोलने की कला से और स्वयं को सटीक रूप में अभिव्यक्त करने की क्षमता से। चाहे सामना एक से हो या हजारों से, जो व्यक्ति बिना झिझक और भय के अपनी बात रखने का साहस रखता है। वही आम लोगों की भीड़ से अलग हटकर सफलता प्राप्त करता है।**

पुस्तक लिखने का उद्देश्य

जब प्रतिभाशाली और मेहनती लोगों के मन में प्रभावी बातचीत या भाषण की कला न होने से हीनभावना आ जाती है और उनकी तरक्की की राह में बाधा बन जाती है तो मुझे बेहद दुख होता है। अफसोस इस बात का है कि लाखों लोग इस कमी की वजह से मन में निराशा और कुंठा पाले बैठे हैं और अपने भविष्य के साथ अन्याय कर रहे हैं।

यदि आप समझते हैं कि आपको जीवन में कभी समूह के सामने या मंच पर कोई भी प्रस्तुति देने की आवश्यकता नहीं पड़ेगी तो आप गलत सोचते हैं। यदि आप सोचते हैं कि भाषण या बातचीत की कला सीखी नहीं जा सकती तो आप भारी भूल कर रहे हैं। रिसर्च द्वारा यह प्रमाणित हो गया है कि कोई भी व्यक्ति प्रभावशाली संबोधन और बातचीत की कला सीखकर आत्मविश्वास से भरा वक्ता बन सकता है।

यदि आपको यकीन न हो तो इस पुस्तक को शुरू से अंत तक पढ़िए, इसमें बताई गई तकनीकों पर अमल कीजिए और फिर स्वयं के भीतर फर्क देखिए। यदि आप और बेहतर बनना चाहते हो तो हमसे मिलिए।

यह कहना तो गलत होगा कि आप शुरू से ही राजनीतिज्ञों जैसा जोरदार भाषण दे पाएंगे परंतु यह तय है कि हम आपसे मिलकर आपका भय, झिझक और तनाव जरूर हटा देंगे।

इस पुस्तक को लिखने का मेरा प्रमुख उद्देश्य यही है कि सामान्य और सहज तकनीकों से हर व्यक्ति में ऐसा गुण पैदा कर सकूं कि वह कहीं भी, कभी भी और कैसी भी परिस्थिति में आत्मविश्वास से अपनी बात रखे और सफलता पाए। वक्तृत्व कला, मंच या माइक के डर से मेरे पाठक कभी हताश न हों।

क्या है इस पुस्तक में

यह पुस्तक बिल्कुल सहज शैली में लिखी गई है जिसे आप आसानी से समझकर दैनिक जीवन में उपयोग कर सकेंगे। यह पुस्तक विभिन्न

हिस्सों में विभाजित है। यह हिस्से क्रम से लिए गए हैं। पुस्तक के प्रारंभिक अध्यायों में मंच का तनाव हटाने के तरीके भाषण की रचना, भाषण की शुरुआत, मध्य और अंत को उदाहरण सहित पेश किया गया है।

अगले हिस्से में श्रोताओं को प्रभावित करने वाले विशेष तत्त्व, हास्य, भाषा का उपयोग, बोलने का तरीका, आवाज का उतार-चढ़ाव और बातों में सच्चाई जैसे पहलुओं पर बेहद उपयोगी जानकारियां मैंने अपने वास्तविक अनुभवों के साथ बांटी हैं। नेत्र संपर्क, हाव-भाव और पहनावे जैसे महत्त्वपूर्ण विषयों पर बात की है।

आधुनिक तकनीकों और कंप्यूटर के युग में तकनीकों की बात न हो, यह असंभव है। इस बेहतरीन अध्याय में माइक का उपयोग, टी.वी. व वीडियो प्रस्तुति, प्रोजेक्टर, फ्लिप चार्ट आदि विस्तार से शामिल हैं। समय का उपयोग, अवसर और सकारात्मकता पर बात करते हुए आपको भाषण की रिहर्सल से प्रथम प्रस्तुति तक सभी जानकारियां मिलेंगी।

इसके बाद बातचीत की कला पर लगभग 30 पृष्ठ मैंने विशेष रूप से लिखे हैं जो सामान्य जीवन में आपको तुरंत परिणाम देंगे। ग्रुप डिस्कशन के विशेष टिप्स, क्या कहें और क्या न कहें जैसे अध्याय युवाओं के लिए उपयोगी होंगे। प्रकाशक के आग्रह पर वक्तृत्व कला के विशिष्ट रूप 'एंकरिंग' को भी लघु रूप में स्पर्श किया गया है।

अंत में कहानियों और शायरी का छोटा-सा संग्रह दिया गया है। जिन्हें आप अपनी प्रस्तुतियों में उपयोग कर सकेंगे। यह संग्रह मित्रों के दबाव में मैंने शामिल किया है क्योंकि उनका मानना है कि कभी-कभार भाषण देने वाले लोगों को ढूंढ़ने से भी सामान्य मंच पर बोलने योग्य शायरी नहीं मिलती। साथ ही कहानियां कौन-सी चुनें और कहां से लाएं इसको लेकर भी तनाव रहता है। यह छोटा-सा संग्रह सिर्फ इस क्षेत्र में आपकी रुचि पैदा करने के उद्देश्य से शामिल किया गया है।

इस क्षेत्र में मेरा व्यक्तिगत अनुभव

प्रभावी भाषण और संप्रेषण (Effective Speaking and Communication) के प्रशिक्षक के रूप में इतने लंबे कैरियर में मुझे बहुत से अद्भुत अनुभव हुए।

ऐसे कई लोग प्रशिक्षण कार्यक्रमों के दौरान मिले जिनके मन में यह बात गहराई तक बैठ गई थी कि वे कभी माइक, भीड़ या दूसरों का सामना नहीं कर सकेंगे और इस कमी को लेकर उनमें बेहद आक्रोश और दुख था।

कुछ घंटों के प्रशिक्षण के बाद जब उन्होंने साहस करके अपना पहला भाषण दिया तो फिर कुछ मत पूछिए। उन भीगी आँखों के आशीर्वाद को हमेशा मैं महसूस करता हूं। अस्फुट से स्वरों में मुझसे गले मिलकर वे होंठ जो मुझसे कहना चाह रहे थे, वह मैं बिना कहे ही समझ चुका था।

अधिकांश लोगों ने प्रशिक्षण के बाद अपने व्यवसाय और प्रोफेशन में उल्लेखनीय सफलता प्राप्त की और विजेताओं की श्रेणी में आ गए, वहीं कुछ प्रतिशत ऐसे लोग भी थे जिन्होंने कभी कोई प्रयास नहीं किया और जहां थे, वहीं रहे। लगातार पत्र, फोन और ई-मेल से हम सब संपर्क में रहते हैं और एक दूसरे की सफलताएं बांटते हैं।

हम कल्पना भी नहीं कर सकते कि अच्छा और प्रभावी बोलने की कला एक व्यक्ति को सामाजिक, आर्थिक और पारिवारिक, हर क्षेत्र में कितना विशिष्ट बना सकती है।

भाषण शब्द का उपयोग

भाषा की सरलता हेतु सभी प्रकार के संबोधन, वक्तव्य, प्रजेन्टेशन आदि के लिए मैंने **भाषण** शब्द का उपयोग किया है, इसलिए आप इस शब्द को विस्तृत रूप में समझने का प्रयास करें। यह इंग्लिश शब्द Speech का हिंदी रूपांतरण है। यह मैं विशिष्ट रूप से इसलिए लिख रहा हूं क्योंकि भाषण शब्द सुनते ही नेता और राजनीति की याद आ जाती है परंतु यहां वक्तृत्व कला के सभी पहलुओं को हमने 'भाषण' शब्द की मदद से स्पष्ट किया है।

आप सबका ऋणी हूं मैं

परिवार से शुरुआत करते हुए मेरी लॉ ग्रेजुएट पत्नी रिम्पल को धन्यवाद जिसने इस पुस्तक की बेहतरी के लिए लगातार मुझसे जिरह की। धन्यवाद, हमारे दो वर्ष के पुत्र अभिज्ञान को जो कभी यह समझ ही नहीं पाया कि पापा हॉस्पीटल से आकर आखिर दिन भर क्या लिखते रहते हैं और मेरे साथ क्यों नहीं खेलते। पुस्तक के हिंदी और आगामी अंग्रेजी संस्करण की एडिटिंग के लिए श्रीमती मृदु लखोटिया व सूर्या टीम को विशेष धन्यवाद।

मेरे भाई आशीष व विवेक, परिवार के अन्य सदस्य, मित्र, मेरे हजारों छात्र तथा संपूर्ण **इंडियन जेसीस** परिवार का धन्यवाद। इस पुस्तक के प्रकाशक डायमंड पॉकेट बुक्स और एम.डी. श्री नरेन्द्र वर्मा का विशेष आभार, जिन्होंने इस विषय के महत्त्व को समझा और यह पुस्तक अस्तित्व में आई।

भाषण की तैयारी, अभ्यास, विशिष्टता लाने की तकनीकें, पस्तुति, बातचीत, ग्रुप डिस्कशन और एंकरिंग जैसे विषयों को समेटती यह पुस्तक एक विशिष्ट प्रवाह लिए हुए है, उम्मीद है आपको पसंद आएगी।

आप सबको हृदय की गहराइयों से आभार

आप न होते तो मेरा यह सपना कभी साकार न हो पता!

–डॉ. उज्जवल पाटनी

पता : पाटनी सुपरस्पेशलिटी हास्पीटल

ग्रीन चौक, दुर्ग (छ.ग.)

स्पीच गुरु डॉ. उज्जवल पाटनी : परिचय

डॉ. उज्जवल पाटनी प्रख्यात वक्ता और प्रेरक हैं। वे पेशे से दंत रोग विशेषज्ञ और पाटनी सुपरस्पेशलिटी हॉस्पिटल के जनक हैं। अनवरत सीखने की लगन में उन्होंने मानव संसाधन में एम.बी.ए., राजनीति विज्ञान में एम.ए. तथा मानव अधिकार व उपभोक्ता संरक्षण जैसे विषयों में विशिष्ट योग्यताएं प्राप्त की हैं।

डॉ. पाटनी सर्टिफाइड व्यक्तित्व विकास प्रशिक्षक हैं। जहां स्पीच गुरु के रूप में वे प्रभावी बोलने और भाषण देने की कला पर देश भर में प्रशिक्षण देते हैं, वहीं एक वक्ता के रूप में श्रोताओं को हंसाने, रूलाने, प्रेरणा देने और आक्रोशित करने की क्षमता रखते हैं। अपने भाषण और कार्यशालाओं में वे स्वरचित शायरी और कविताओं के माध्यम से श्रोताओं को चकित कर देते हैं। जबरदस्त प्रभावित करने वाले प्रेरक के रूप में उनके प्रिय विषय हैं—नजरिया, जीत का मूलमंत्र, पहला कदम अभी उठाइए, वाणी से सफलता, स्वयं की मार्केटिंग कैसे करें और एक दूजे के लिए। बहुआयामी शिक्षा, मौलिकता और गजब की प्रयोगशीलता उनको विशिष्ट बनाती है।

हमेशा अलग करने की चाह लिए डॉ. पाटनी के नेतृत्व, कल्पना और निर्देशन में 5 फरवरी, 2005 को भारत के 23 उदीयमान गायकों और वादकों ने गिनीज विश्व रिकार्ड हेतु दावा पेश किया। भिलाई में आयोजित 'सिंगिंग मेराथन' नामक इस अंतरराष्ट्रीय कार्यक्रम में दुनिया में सबसे लंबे समय तक लगातार समूह गान किया गया। भजनों के माध्यम से समूह गान का संभवतः भारत का यह प्रथम विश्व रिकॉर्ड है। यह भागीरथी कार्यक्रम उनकी ऊंची सोच और नेतृत्व क्षमता का नवीनतम उदाहरण है।

विभिन्न राष्ट्रीय और प्रादेशिक समाचार पत्रों, रेडियो, अंतरराष्ट्रीय वेबसाइट तथा शीर्ष टी.वी. चैनलों पर उनकी उपलब्धियां लगातार दर्ज होती रही हैं। प्रेरक, लेखक और चिकित्सक की विभिन्न भूमिकाएं निभाने वाले स्पीच गुरु डॉ. उज्जवल पाटनी कहते हैं—"प्रभावी बोलने की कला सफलता का मूल मंत्र है।"

किनके लिए है यह पुस्तक

छात्र	शिक्षक	मैनेजर
प्रोफेशनल्स	लीडर	प्रेरक
संस्थान	जनसंपर्क	नेटवर्कर
बीमा अभिकर्ता	अधिकारी	मार्केटिंग
समाज सेवक	नाट्यकर्मी	मीडिया

एवं वे सभी जिन्हें कहीं न कहीं, कभी न कभी
समूह के सामने
अपनी बात रखनी होती है...!

यदि आप जानते हैं

एक प्रभावशाली वक्ता होने से आप कितनी प्रसिद्धि,
सम्मान और सफलता पा सकते हैं,
और
अच्छी बातचीत की कला
समाज और कार्यक्षेत्र में आपको कितना
लोकप्रिय बना सकती है
तो आप मंच का डर मन से निकाल दीजिए और
इस पुस्तक को शुरू से अंत तक पढ़िए।
आप चुनिए
आप डर के साथ जीना चाहेंगे
या
प्रसिद्धि, सम्मान और सफलता के साथ।
क्या आप कल
शर्मिंदा नहीं होंगे कि सिर्फ अच्छा नहीं बोल पाने के
कारण
कितने अवसर आपने छोड़े
और हारकर चुनी
एक सामान्य-सी जिन्दगी...

सोचिए...!

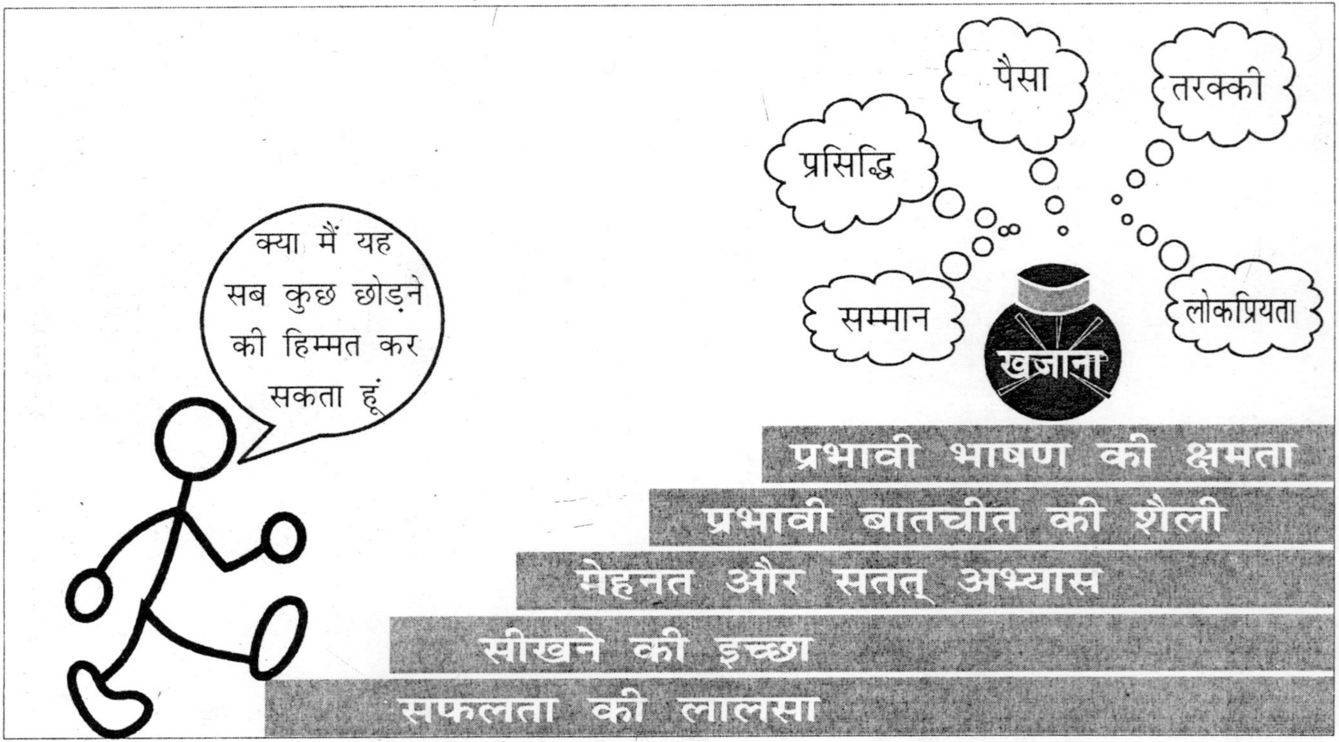
क्या मैं यह सब कुछ छोड़ने की हिम्मत कर सकता हूं
प्रसिद्धि
पैसा
तरक्की
सम्मान
लोकप्रियता
खज़ाना
प्रभावी भाषण की क्षमता
प्रभावी बातचीत की शैली
मेहनत और सतत् अभ्यास
सीखने की इच्छा
सफलता की लालसा

अनुक्रमणिका

कहानियां एवं शायरी का खजाना

स्वयं से पूछिए

- **क्या** आप चाहते हैं कि आप जब भी संबोधित करें, लोग आपको ध्यान से सुनें?
- **क्या** भीड़ और माइक के सामने आप भयभीत हो जाते हैं, मस्तिष्क सुन्न हो जाता है, शब्द नहीं फूटते?
- **क्या** आपको लगता है कि बिना प्रभावशाली बातचीत और संबोधन की कला के आप जीवन में सफल हो सकते हैं?
- **क्या** आपको लगता है आप अच्छा बोल नहीं पाते इसलिए आपसे अवसर चूक जाते हैं और दूसरे आगे निकल जाते हैं।
- **क्या** आपको लगता है कि आपके दिमाग में नए ख्याल और विचार रहते हैं लेकिन आप उन्हें शब्द नहीं दे पाते हैं?
- **क्या** आप बातचीत की अपनी शैली की वजह से ज्यादा मित्र नहीं बना पाते हैं?
- **क्या** आप समूह चर्चा में लीडर के रूप में नहीं उभर पाते हैं?

यदि इन सवालों में किसी का भी जवाब 'हां' है तो यह पुस्तक आपके लिए अवश्य उपयोगी सिद्ध होगी।

मंच का तनाव निकाल फेंकिए

वैज्ञानिक कहते हैं कि चिम्पान्जी और मानव की जीन में सिर्फ दो प्रतिशत का फर्क है और इस दो प्रतिशत से मानव ने संस्कृति और सभ्यता को जन्म दिया है। विद्वानों का कहना है कि यह दो प्रतिशत और कुछ नहीं वरन् मानव के शब्द और अभिव्यक्त करने की क्षमता है।

जो बातें मैं आपसे कहने जा रहा हूँ, एक सामान्य प्रवचन की तरह पढ़ने के बजाय इनकी गहराई में मेरे साथ आइए और अपने मन का भय हटाकर सफलता से नाता जोड़िये।

श्रोता आपको सफल होते देखना चाहते हैं, असफल नहीं

आप जब भी कहीं आमंत्रित किए जाते हैं या आप आगे बढ़कर दायित्व हाथ में लेते हैं तो अधिकांश श्रोता चाहते हैं आप सफल हों। जो स्वयं मंच पर बोलने से घबराते हैं वे आपकी सफलता में अपनी विजय देखते हैं क्योंकि आप भी उनकी तरह एक सामान्य व्यक्ति हैं। जो मंच पर हमेशा बेहतरीन प्रस्तुति देते हैं वे भी आपके दौर से कभी न कभी गुजर चुके होते हैं, इसलिए वे भी आपको जीतते हुए देखना चाहते हैं।

जब सभी आपके शुभचिंतक हैं तो भय कैसा।

आपकी तैयारी कितनी है, ये सिर्फ आप जानते हैं

आपके भाषण में कितने तथ्य हैं, कितनी कहावतें हैं, कितनी शायरी आपने जुटाई है ये सिर्फ आप जानते हैं। भाषण का कोई बड़ा हिस्सा आप भूल भी जाएं तो क्या फर्क पड़ता है। कोई तथ्य या कहानी माइक पर आप भूल गए तो आपके सिवा यह कौन जानता है।

जितनी भी याद रहे, उतनी बात प्रभावशाली रूप से कहें और आत्मविश्वास के साथ अपनी बात खत्म कर दें। जो भूल गए सो भूल गए, अगली बार अवश्य आप याद रख पाएंगे। यदि आपको बोलने के लिए 10 मिनट दिया गया था और आप सिर्फ 6 मिनट ही उपयोग कर पाए तो शर्मिंदा होने की आवश्यकता नहीं है क्योंकि आप उन लोगों से अच्छे हैं जो माइक पर जरूरत से ज्यादा बोलते हैं और दूसरों का समय भी छीन लेते हैं।

क्या आप किसी ऐसे वक्ता को जानते हैं जो कभी असफल नहीं हुआ

"सफलता की ओर जाने वाली हर डगर असफलताओं के पड़ावों पर रुकती है। कुछ यात्री इन पड़ावों पर ठहर जाते हैं और सदा असफल रहते हैं और कुछ यात्री हिम्मत करके चलते रहते हैं और मंजिल पर पहुंचते हैं।"

फिर आप असफलता से क्यूं घबराते हैं। अब्राहम लिंकन को ऐतिहासिक असफलताओं के बाद मिली सफलता के बारे में कौन नहीं जानता। मुझे विश्वास है कि इस पुस्तक को पढ़ने के बाद आप उतनी बार असफल नहीं होंगे। परंतु हां, अंततः उतना सफल होंगे कि नहीं, ये आपकी मेहनत पर निर्भर करता है।

यकीन कीजिए इस संसार में शायद ही कोई ऐसा व्यक्ति हो जो कभी माइक पर डरा न हो, जिसका गला न सूखा हो और आप भी जबरदस्त वक्ता बनने के पहले उस दौर से अवश्य गुजरेंगे।

असफलता : तमाम अधिकार सुरक्षित

आपको मंच पर जाकर हड़बड़ा जाने का अधिकार है। आपको घबराने का और शब्द भूल जाने का पूरा अधिकार है। आपको कागज से देखकर अपनी बात कहने का हक है। आपको चेहरे पर डर के भाव लाने का और अपनी हृदयगति तेज कर देने का हक है। ये सारे हक आपको इस नाते मिले हैं क्योंकि आपने तैयारी की थी परन्तु घबराहट हावी हो गई। आप बधाई के पात्र हैं क्योंकि आपने प्रयास तो किया।

ना तो कोई अगली बार आपको माइक के सामने अपनी बात कहने से रोक सकता है, ना ही आपको सजा दे सकता है।

थोड़ी गड़बड़ भी हुई तो **"की फरक पैंदा"**

जो जीवन भर पाएंगे वह महत्त्वपूर्ण हैं या जो पल भर खोएंगे वो

गहराई से सोचिए यदि आप अपनी बात जबरदस्त रूप से भीड़ के सामने कह पाते, यदि आप में भाषण से किसी को भी प्रभावित करने की क्षमता होती तो अपने कार्यक्षेत्र में और समाज में कितनी ऊंची पदवी पर होते। आपका व्यापार आज कहां होता।

सोचिए!

यदि आपके अंदर आपके विचार और आपके उत्पाद विक्रय करने की असाधारण क्षमता आ जाए, आपकी बातें किसी का भी दिल जीत सकें तो आपका बैंक बैलेंस कहां होगा।

लोग आपका आदर करेंगे, परिवार में आपकी विशिष्ठ प्रतिष्ठा होगी और आपके बच्चे बिल्कुल आपके जैसा बनना चाहेंगे। क्या थोड़े से तनाव के डर से ये सब कुछ खो देंगे। क्या आप जीवन भर समृद्धि और प्रतिष्ठा नहीं पाना चाहेंगे?

क्या आप कुछ देर स्वाभाविक हो सकते हैं?

दोस्तों के बीच और परिवार के बीच कितने बेफिक्र होकर आप अपनी बात कहते हैं। बात करते हुए दैनिक जीवन में किसी की नकल करते हैं, शायद नहीं। फिर आप क्यूं मंच पर इतनी कृत्रिमता और भय ओढ़ कर जाते हैं। थोड़ी देर के लिए आप माइक पर स्वाभाविक हो जाइए। अपनी पहचान न खोते हुए अपनी शैली बनाए रखिए। स्वाभाविक होकर मुस्कराइए। यदि आप पर नकल का दबाव नहीं होगा तो तनाव अपने आप कम हो जाएगा। सबसे बड़ा वक्ता वह होता है जो माइक पर भी अपनी सामान्य शैली में बात करता है। एक बार हिम्मत कीजिए, माइक के सामने जाकर सहज बात कीजिए। आपको भाषण देने की कतई आवश्यकता नहीं है।

याद रखिए

यदि आप इंद्रधनुष का मजा लेना चाहते हैं तो बारिश झेलने के लिए भी तैयार रहिए क्योंकि दोनों साथ ही आते हैं। अब यह आपके ऊपर है कि आप भींगने पर झल्लाते हैं या इंद्रधनुष का आनंद लेते हैं।

विनम्रता और मौलिकता सफलता की कुंजी है

जब भी हम किसी भी प्रस्तुति के लिए माइक का सामना करते हैं, अचानक ही हम बड़े वक्ताओं जैसा बर्ताव करने लगते है। हम वह बनने का प्रयास करते हैं जो हममें नहीं है, अनायास ही वास्तविकता भूलकर नकली हो जाते हैं। यदि आप मंच पर बड़ी-बड़ी नकली बातें कहने की बजाय अपनी मौलिकता बरकरार रखते हुए सामान्य व्यक्ति की तरह अपनी बात रखेंगे, तो श्रोताओं की प्रशंसा और तालियां आपको अवश्य मिलेगी।

विनम्रता से मेरा तात्पर्य है अपने 'अहं' को दूर रखते हुए विनम्रता और सादगी से अपनी बात रखना। विनम्रता से अपनी कमजोरियां और गलतियां स्वीकारने का साहस होना। हम सब में ढेर सारी कमियां है, यदि अपने आपको महामानव बताने की बजाय हम अपनी कमियों को सबके बीच आवश्यकता पड़ने पर स्वीकारने की हिम्मत दिखाते हैं तो श्रोताओं के बीच हमारी विश्वसनीयता बढ़ती है, हमारी गरिमा बढ़ती है। इससे श्रोता हमें अपने बीच का ही एक व्यक्ति समझकर हमसे लगाव महसूस करते हैं।

"एक भाषण प्रतियोगिता में अभिज्ञान जैन नामक एक प्रतियोगी ने हिस्सा लिया था। वह मंच पर पहुंचा और उसने अपनी बात यूं कही- मैंने जो भाषण तैयार किया था वह अभी अभी मुझसे खो गया है। मैं बहुत ज्यादा भयभीत हूं। मैं तुरंत मंच छोड़कर चला जाना चाहता हूं पर मैं जानता हूं कि यदि आज मैं हिम्मत हार गया तो जीवन भर माइक का सामना नहीं कर पाऊंगा।

मैंने निर्णय किया है, चाहे कितनी भी घबराहट क्यों न हो, जो भी मुझे याद आएगा, वह मैं कहूंगा। मुझे उम्मीद है मेरी गलतियों को माफ करते हुए आप मेरी मदद करेंगे जिससे मैं जीवन का पहला भाषण दे सकूं।

पूरा श्रोता समुदाय इस प्रतियोगी का कार्यक्रम के अंत तक उत्साहवर्धन करता रहा। उसने भाषण के समस्त नियम तोड़ दिये परंतु फिर भी वह सफल हो गया।"

इसलिए विनम्रता से अपनी बात रखिए और अपनी मौलिकता को अपनी विशेषता बनाइए।

आपको बेहद प्रतिभाशाली या बुद्धिमान होने की आवश्यकता नहीं

जब भी हम श्रोता के रुप में बेहतरीन वक्ताओं को सुनते हैं, हमें लगता है कि हम कभी उनकी जगह नहीं ले पायेंगे क्योंकि हम उनकी तरह वाक्‌पटु, प्रतिभाशाली और अति बुद्धिमान नहीं है। परंतु, अधिकांश बड़े वक्ताओं का मानना है कि सफल वक्ता बनने के लिए इन गुणों का होना अनिवार्य नहीं है। आप सामान्य बुद्धि वाले हो, आपको शब्दों का ज्ञान भी बहुत ज्यादा न हो या आप बोलते हुए कुछ गलतियां भी करते हो तो भी आप सुनने वालों का दिल जीत सकते हैं। यह सब इस पर निर्भर करता है कि सफलता को आप किस तरह से लेते हैं और सफलता का आपकी नजरों में पैमाना क्या है।

मैं यकीन से कहता हूं कि श्रोता आपसे हर वक्त संपूर्णता की उम्मीद नहीं रखते। जब हम संपूर्ण बनने का प्रयास करते हैं, हमारी प्रस्तुति का स्तर गिर जाता है क्योंकि हमारे ऊपर श्रेष्ठतम प्रदर्शन करने का दबाव पैदा हो जाता है।

श्रोता आपसे चाहते हैं अपने समय का उचित मूल्य। यदि आप अपने शब्दों से उनके जीवन में थोड़ा भी फर्क ला सके, उन्हें सोचने पर मजबूर कर सके, वो आपके आभारी हो जाते हैं। यदि आपने किसी भी रूप में उनके दिल को छू लिया या विचारों में झंझावात पैदा कर दिया तो वो आपको तुरंत सफल घोषित कर देंगे।

इसलिए जो आप बोलने जा रहे हैं, उसकी विषय वस्तु को श्रेष्ठ बनाइए। श्रोताओं की 100 प्रतिशत स्वीकृति और प्रशंसा पाने का प्रयास मत कीजिए। क्योंकि वक्ता का मुख्य उद्देश्य होता है श्रोताओं को 'देना' ना कि उनसे 'पाना'।

•••

माइक का डर, मंच का भय

जब भी हम दूसरों से बातचीत करते हैं तो कितने स्वाभाविक होते हैं परंतु जैसे ही हम माइक या मंच पर जाते हैं तो हमें घबराहट होती है। हम बचना चाहते हैं, ऐसे अवसरों से जब हमें समूह को संबोधित करना होता है।

शुरुआती भाषणों में सभी को ऐसा ही कुछ होता है

- तेज हृदय गति
- कांपते घुटने
- कांपती आवाज
- पेट में गुड़गुड़ाहट
- आँखों के आगे धुंधलापन
- हाथों में पसीना
- मुंह सूखना
- शब्दों की कमी
- दिमाग का काम न करना
- विचार थम जाना
- हकलाना
- चेहरे पर डर के भाव

यदि आप पहली बार बोलने जा रहे हैं तो आपके साथ भी ऐसा ही होगा क्योंकि आप भी एक सामान्य इंसान हैं।

मुझे आज तक कोई असाधारण मानव नहीं मिला जिसे पहली बार माइक पर जाते हुए थोड़ा असामान्य अनुभव न हुआ हो, लेकिन मैं ऐसे बहुत से लोगों को जानता हूं जो कभी माइक के सामने कांपते थे, मीटिंग में अपनी बात कहने से घबराते थे, मंच पर एक शब्द भी नहीं बोल पाते थे और आज गज़ब के वक्ता हैं...

आइए...

आपके मन का भय दूर करने के लिए

भाषण कला

बातचीत

ग्रुप डिस्कशन

और

एंकरिंग

पर

उदाहरणों के साथ विस्तार से बात करें जिससे आपके मन का भय हमेशा के लिए दूर हो जाए और आप सुनने वालों का दिल जीत सकें।

वक्ता के सात गुण

इंग्लिश शब्द "SPEAKER" (स्पीकर) से ही इसकी बेहतर व्याख्या की जा सकती है!

S STIMULATING
उत्तेजना पैदा करने वाला

जिनकी बातें मन में नया रोमांच और उत्तेजना पैदा करती है। जो जीवन और लक्ष्यों के प्रति उमंग पैदा करता है। जो सोचने के लिए मजबूर करता है और इस मशीनी जीवन में नए रंग भरने की क्षमता रखता है।

P POSITIVE
सकारात्मक

जिनके विचार हमें ऊंचाई और जीत की ओर ले जाते हैं तथा निराशा में आशा का संचार करते हैं, जो हर कठिनाई में एक अवसर दिखाता है। जो हमेशा पीठ थपथपाता और प्रेरणा देता है। जो समस्याओं से विचलित न होकर उनके समाधान की बात करता है और निराशा के क्षणों में हम उसकी ओर आशा भरी नजरों से देख सकते हैं। जो अपने साथियों और अधीनस्थों का मनोबल बढ़ाकर उन्हें नए लक्ष्य प्राप्त करने को प्रेरित करता है।

E EFFECTIVE
प्रभावी

चाहे उत्पाद बेचना हो, प्रेरणा देनी हो, परीक्षा देनी हो, कहीं भी किसी भी रूप में जो प्रभावी बोलने वाला व्यक्ति होता है वह सुनने वालों को प्रभावित कर देता है। वह अपनी भावनाओं को बेहतर शब्द देता है और सुनने वालों का ध्यान आकर्षित कर लेता है।

A AIMFUL
लक्ष्यवान

जिनकी बातों में छुपा हुआ या स्पष्ट-सा कोई लक्ष्य हो। जिनकी बातें उस लक्ष्य पर केन्द्रित हों। जो अपनी बातों से अपने स्पष्ट लक्ष्य, उसे प्राप्त करने की योजना और अपने सपने दूसरों तक पहुंचाता हो।

K KNOWLEDGEABLE
ज्ञानवान

जो अपने विषय पर पूर्ण अधिकार और ज्ञान से अपनी बात कहते हैं। जो बात कहने के पूर्व तैयारी करते हैं और क्या कहना है; इसका उन्हें ज्ञान होता है।

E ENTERTAINING
रोचक-मनोरंजक

जिन्हें लगातार सुनने पर भी श्रोता बोर न हो। जिनमें अपने शब्दों से श्रोताओं को हंसाने की, चकित कर देने की या रूलाने की क्षमता हो।

R RATIONAL
विवेकशील, तर्कशील

जो समय, पद, कार्यक्रम, श्रोता और उद्देश्य को ध्यान में रखते हुए पूरे

विवेक से अपनी बात कहता हो। जो कुछ भी कहने से पहले विवेक और तर्कों की कसौटी पर खुद को परखता है।

इनमें से अधिकांश गुण जीवन में सफलता के लिए अनिवार्य है। सिर्फ मंच पर बोलने के लिए ही नहीं वरन् सामान्य सामाजिक जीवन में गुण आपको सामान्य से विशिष्ट बना सकते हैं। परिवार में माता या पिता के रूप में, स्कूल में शिक्षक के रूप में, ऑफिस में बॉस के रूप में, एक प्रोफेशनल के रूप में, हर जगह हर पल आपको एक वक्ता की भूमिका निभानी पड़ती है। इन गुणों का कुछ प्रतिशत भी आपको विशिष्ट बना सकता है।

●●●

असफलता और भय का प्रमुख कारण है : अधूरी जानकारी

एक बुद्धिमान आदमी भाषण के पहले चिंतन करता है, एक मूर्ख भाषण दे देता है और फिर सोचता है कि उसने क्या कुछ कह दिया है।

— लेखक

अधिकांश वक्ता इसलिए असफल होते हैं क्योंकि अक्सर भाषण के पहले उनकी जानकारी अधूरी होती है। अधूरी जानकारी के आधार पर अधूरा भाषण तैयार किया जाता है। जहां जा रहे हैं वहां की पूरी जानकारी न होने से मन में भय रहता है और आत्मविश्वास की कमी रहती है।

सिर्फ चंद सवालों या एक फोन कॉल से हम सारी जानकारी मिनटों में प्राप्त कर सकते हैं।

एक सामान्य रेल यात्रा के लिए आप जितनी जानकारी लेते हैं और तैयारी करते हैं, यदि भाषण यात्रा के लिए भी उतनी जानकारी और तैयारी कर लें तो आपको शानदार भाषण देने से कोई रोक नहीं सकता।

क्या रेल यात्रा आपकी भाषण यात्रा से ज्यादा महत्त्वपूर्ण है? भाषण यात्रा से सैकड़ों श्रोताओं के बीच आपकी छवि, आपकी प्रतिष्ठा और भविष्य की आपकी सफलता जुड़ी है। हैरान हैं, इस तुलना से...

आइए देखें रेल यात्रा और भाषण यात्रा को

रेल यात्रा	भाषण यात्रा
• यात्रा का कारण।	• आपके भाषण का उद्देश्य।
• यात्रा का दिन।	• भाषण की तिथि।
• ट्रेन का समय।	• कार्यक्रम का समय।
• आपका बर्थ नंबर।	• भाषण में आपकी बारी।
• साथ ले जाने वाले सामानों की तैयारी।	• भाषण में बोली जाने वाली सामग्री की तैयारी।
• मौसम के अनुसार कपड़े।	• श्रोताओं के आयु-शिक्षा, लिंग, आर्थिक स्तर के अनुसार तथ्य।
• आराम हेतु रिजर्वेशन।	• सफलता हेतु रोचक सामग्री।
• कितने दिन के लिए जा रहे हैं?	• कितने मिनट का भाषण है?
• क्या आपके साथ कोई और भी जा रहा है?	• क्या आपके अलावा और भी वक्ता हैं?

क्या रेल यात्रा जीवन यात्रा से महत्त्वपूर्ण है?

- रुकने का स्थान कौन-सा है?
- यात्रा के लिए आष ही क्यों?
- क्या सामान उठाने के लिए कुली उपलब्ध होगा?
- ट्रेन के दिन पुनः पता करते हैं। ट्रेन लेट तो नहीं है।

- कार्यक्रम किस जगह है?
- भाषण के लिए आपको आमंत्रण क्यों?
- क्या भाषण प्रभावी बनाने के लिए ऑडियो विजुअल तकनीकें उपलब्ध होंगी?
- आयोजकों से पुनः पता करें, कार्यक्रम के स्वरूप और आपके रोल में कोई परिवर्तन तो नहीं है।

जितनी गंभीरता से हम एक रेल यात्रा की तैयारी करते हैं, उसी तरह यदि हम एक भाषण देने के पहले तैयारी कर लें तो हमारा मंच का भय एकदम कम हो जाएगा और अपने सटीक भाषण से श्रोताओं को प्रभावित कर सकेंगे।

●●●

क्यों आवश्यक है जानकारियां लेना

यदि आप मुझे बोलने के लिए घंटों देंगे तो मुझे तैयारी की कोई आवश्यकता नहीं है परंतु यदि आप मुझे सिर्फ कुछ मिनट का समय दे रहे हैं तो मुझे जोरदार तैयारी करनी होगी क्योंकि श्रेष्ठतम तथ्य जुटाने होंगे और अन्य तथ्य हटाने होंगे।

— लेखक

- **जिस कार्यक्रम में आप जा रहे हैं, उसका उद्देश्य क्या है?**
  ऑफिस में मीटिंग है, संगीत समारोह है, देशभक्तिपूर्ण कार्यक्रम है, महिला समाज या बच्चों का कार्यक्रम है। आपकी तैयारी कार्यक्रम के अनुसार होगी।

- **कार्यक्रम की तिथि और समय क्या है?**
  कार्यक्रम की तारीख और समय की जानकारी लीजिए ताकि उस दिन अपनी अन्य व्यस्तताओं को कम करके मानसिक और शारीरिक तौर पर तनावमुक्त रहें। साथ ही आपको ये पता रहे कि तैयारी के लिए आपके पास कितने दिन बचे हैं?

- **कार्यक्रम स्थल कहां है?**
  एक एयरकंडीशंड हॉल है, बस्ती का नुक्कड़ है, खुला मैदान है या गांव की चौपाल है। जहां जा रहे हैं उसके अनुरूप आपकी वेशभूषा तथा भाषण सामग्री होगी।

- **कार्यक्रम में आप वक्ता के रूप में क्यों हैं?**

  क्या वह एक प्रतियोगिता है जिसमें आपने स्वयं हिस्सा लिया है। यदि आपको आमंत्रित किया गया है तो क्या आप वहां अतिथि वक्ता हैं? क्या आप विषय के विशेषज्ञ हैं? क्या आप किसी विशिष्ट खूबी के कारण बुलाए गए हैं? आप अपने संस्थान के प्रतिनिधि के रूप में जा रहे हैं। आपको जिस भूमिका हेतु आमंत्रित किया गया है, उस भूमिका का निर्वहन आपको करना होगा।

- **श्रोता कौन है?**

  आप किनके बीच यह संबोधन या प्रस्तुति देने जा रहे हैं। जिस प्रकार के श्रोता होंगे, आपके भाषण में वैसी ही सामग्री होगी।

  (अ) **उनकी आयु क्या है?**

  बच्चों और वृद्धों के कार्यक्रम में एक जैसी बात नहीं कही जा सकती। हमें मानसिक स्तर के हिसाब से भाषण की रचना करनी चाहिए। बच्चों के भाषण रोचक कहानियों और बड़ों के तथ्यों से भरे होने चाहिए।

  (ब) **उनका शैक्षणिक स्तर क्या है?**

  वे सिर्फ मिडिल या हाईस्कूल तक शिक्षित हैं या पोस्ट-ग्रेजुएट हैं और अपने क्षेत्रों के विशेषज्ञ हैं। आपके भाषण में श्रोताओं के शैक्षणिक स्तर और ज्ञान के अनुसार तथ्य रहेंगे। उच्च शिक्षित श्रोता राजनीति, पर्यावरण, समाज, समानता व उपभोक्ता विषयों में ज्यादा रूचि लेते हैं।

  (स) **श्रोता महिला प्रधान हैं या पुरुष प्रधान?**

  भारत में छोटे और मध्यम शहरों में यह जानकारी उपयोगी सिद्ध होती है। यदि श्रोताओं में घरेलू महिलाएं ज्यादा हैं और आप तकनीकी भाषण दे रहे हैं तो वे उत्सुकता से नहीं सुनेंगी।

  (द) **श्रोताओं का आर्थिक स्तर क्या है?**

  जिस स्तर और प्रतिष्ठा के श्रोता होंगे आपको वैसी ही

बातें करनी होगी। यदि निम्न वर्ग के श्रोताओं के बीच आप मर्सिडीज बेंज की बात करेंगे तो वे उनको नहीं लुभाएंगी।

- **आपको आपकी बात कहने के लिए कितना समय दिया गया है?**
  अच्छा भाषण वह होता है जिसमें कम समय में बेहतरीन तथ्य श्रोताओं तक पहुंचाए जाते हैं। जब तक आपको समय सीमा नहीं मालूम होगी, आप भाषण की सीमाएं नहीं बांध पाएंगे। हो सकता है आपको समय कम मिला हो और आपने तैयारी बहुत ज्यादा कर ली हो, वहां भूमिका बांधने में ही समय निकल गया और मूल बात आप कह नहीं पाए।

- **क्या आपके अलावा उसी विषय पर और भी वक्ता हैं?**
  यह एक जरूरी सवाल है क्योंकि कभी-कभी हम तैयारी के साथ जाते हैं परंतु हमारी बारी आने के पहले दूसरे वक्ता अपने भाषणों में हमारी बात कह देते हैं। ऐसे में बड़ी हास्यास्पद स्थिति हो जाती है इसलिए जब भी दूसरे वक्ता हों तो पहले से ही अतिरिक्त सामग्री तैयार रखें। ये सामग्री आपके आपातकालीन उपयोग में सहायक रहेंगी।

- **क्या वहां भाषण को प्रभावी बनाने के लिए कॉलरमाइक, प्रोजेक्टर या एल.सी.डी. स्क्रीन जैसी तकनीकें उपलब्ध होंगी?**
  ये सारी जानकारी आप सिर्फ पांच मिनट के भीतर आयोजकों को फोन करके ले सकते हैं।

ये ठीक उसी तरह है जैसे परीक्षा का प्रश्नपत्र आपको परीक्षा के पहले ही मिल गया हो और सिर्फ शानदार उत्तर तैयार कर लिखने की जिम्मेदारी अब बची है।

पाठक का पन्ना

अभ्यास पृष्ठ

....

....

....

....

....

....

....

....

....

....

....

प्रस्तुति/भाषण/स्पीच का निर्माण
(Structuring of Speech)

- भाषण के तीन चरण
- सामग्री का चुनाव
- शुरुआत, मध्य और अंत

भाषण तैयार करने के तीन चरण

1. तथ्य जुटाना ⇨ DATA Collection
2. तथ्य चुनना ⇨ DATA Selection
3. तथ्य भाषण के रूप में सेट करना ⇨ DATA Arrangement

विषय से संबंधित जानकारी और तथ्य जुटाना
(DATA Collection)

कुछ साल पहले तक किसी विषय से संबंधित जानकारी इकट्ठी करना कष्टप्रद था या तो पुराने अखबारों को तलाश करना पड़ता था या विषय विशेषज्ञों के चक्कर लगाने पड़ते थे।

अब यह काफी सरल है। आपको जिस विषय पर अपनी बात कहनी हो, विभिन्न स्रोतों से उससे संबंधित सामग्री जमा करें।

स्रोत	सामग्री
इंटरनेट, संबंधित पुस्तकें, संबंधित विषय के विशेषज्ञ, समाचार पत्र, उस विषय की जानकारी रखने वाले लोग	सटीक तथ्य, आँकड़े, सारगर्भित जानकारी, विषय का भूत, भविष्य, वर्तमान शंका-समाधान, रोचक सामग्री

इसके अलावा भाषा को रोचक बनाने के लिए संबंधित कोई लघु कहानी या प्रसंग, रोचक चुटकुले जुटाएं। अपने परिवारजन, मित्रों और आपके परिचय में जो अच्छे वक्ता हों उनसे भी सलाह लें।

रोचक बनाने के लिए इस पुस्तक में दिए गए विशाल संग्रह की मदद लें।

तथ्यों और सामग्री का चुनाव

जानकारी और आँकड़े जमा करने से ज्यादा कठिन कार्य है उसमें से बोली जा सकने वाली बातें छांटना, अत:

- श्रोताओं की आयु, शिक्षा और आर्थिक स्थिति को ध्यान में रखते हुए चुनें।
- नवीनतम और प्रमाणित जानकारी चुनें। कोई विवाद उठने पर आपको स्रोत की जानकारी देनी पड़ सकती है। पुरानी पुस्तकों और उनके आँकड़ों को हमेशा जांच कर के ही शामिल करें।
- तथ्यों को बढ़ा-चढ़ाकर पेश न करें।
- धार्मिक और सांस्कृतिक मूल्यों पर आघात करने वाली बातें तभी शामिल करें जब आपको विवाद और चर्चा का विषय बनना हो।
- समय का विशेष ध्यान रखें। ज्यादा लम्बी सामग्री न चुनें।
- अश्लील या अभद्र सामग्री का चुनाव न करें।
- ऐसे चुटकुले शामिल न करें जो श्रोताओं के किसी वर्ग को आहत कर सकते हैं।

भाषण चाहे छोटे कार्यक्रम में देना हो या विशाल आयोजन में, अपनी तैयारियों में कभी कमी न कीजिए। आपके तथ्य और भाषण में बोलने योग्य सामग्री जितनी अच्छी होगी, आपके श्रोता उतने ही प्रसन्न होंगे। पूरे मन से सर्वश्रेष्ठ प्रयास कीजिए।

आपको सामग्री के चुनाव में भी ऐसी ही मेहनत करनी होगी।

> अगर किसी व्यक्ति को सड़क साफ करने का काम दिया जाए, तो उसे उसी तरह से सड़कें झाड़नी चाहिए, जैसे माइकल एंजेलो तस्वीरें बनाते थे, बीथोवन संगीत रचते थे या शेक्सपियर कविता लिखते थे।
>
> – मार्टिन लूथर किंग

आइए, भाषण की रचना करें

हर वक्तव्य एक जीवित प्राणी की तरह होता है उस वक्तव्य के शरीर और हाथ पांव होते हैं। एक मध्य, एक प्रारंभ और एक अंत होता है जो एक दूसरे से जुड़कर उसे संपूर्णता देते हैं।

— प्लेटो

आपको जो भी जानकारी आयोजकों से प्राप्त हुई थी या आपने प्राप्त की थी, उस आधार पर आपने भाषण/संबोधन हेतु उपयुक्त सामग्री जुटा ली है। बात को रोचक बनाने के लिए लघु कहानी, कविता, कहावत, संस्मरण आपने चुन लिए हैं। श्रोताओं को आप उनके बहुमूल्य समय की पूरी कीमत देना चाहते हैं, इसलिए आपने नवीनतम तथ्य और आँकड़े सही और विश्वसनीय सूत्रों से इकट्ठे किए हैं।

अब प्रश्न उठता है कि इन सबको मिलाकर एक भाषण कैसे लिखें जिससे श्रोताओं का दिल जीता जा सके। इन सबको एक कड़ी में कैसे पिरोएं?

जिन्हें माइक पर बोलने का पूर्व अनुभव है वे स्वयं की अपनी क्षमता कार्यक्रम और योग्यता के अनुसार, अपनी शैली में मनचाहा परिवर्तन कर सकते हैं। यहां मैं नए वक्ताओं के लिए उन सरल तरीकों की बात कर रहा हूं जिससे वे समय में बंधा हुआ एक जोरदार भाषण दे सके। भाषण से जुड़े पहलुओं पर आगे के अध्यायों में हम विस्तार से चर्चा करेंगे।

अपने भाषण को तीन हिस्सों में विभाजित कीजिए

आपको दिए गए कुल समय का 15-20% शुरुआत को, 60-70% मध्य को तथा 15-20% अंत के हिस्से को दीजिए।

उदाहरण

10 मिनट के भाषण के कुल समय को ऐसे बांटिए

शुरुआत	:	1-2 मिनट
मध्य	:	6-7 मिनट
अंत	:	2 मिनट

●●●

अध्ययन कहते हैं कि एक संतुलित प्रस्तुति में प्रारंभ और अंत लगभग समान समय लेते हैं। विशिष्ट अवसरों पर वक्ता इनमें इच्छानुसार परिवर्तन करते हैं।

भाषण की शुरुआत

भाषण की शुरुआत-विभिन्न शैलियां
(Opening Of Speech-Different Techniques)

भाषण का प्रारंभिक हिस्सा कैसा हो?
भाषण एक चटपटे व्यंजन की तरह है जिसमें सभी प्रकार के मसालों का सही अनुपात होना चाहिए।

भाषण के प्रारंभिक हिस्से का प्रभावी होना आवश्यक है क्योंकि शुरुआत की कुछ लाइनों से ही श्रोता आपको परखते हैं। यदि आपने धमाकेदार और आत्मविश्वास से भरी शुरुआत कर ली तो समझ लीजिए आपने आधी जंग जीत ली। आपको मंच पर पहुंचकर कोई ऐसी बात कहनी होगी जिससे श्रोता केन्द्रित होकर आपकी अगली बात का इंतजार करे। उनका ध्यान आस-पास होने वाली हलचल से हट कर आप पर आ जाए।

शुरुआत भाषण के लगभग 10-20% हिस्से को कहा जाता है, इसे प्रभावी बनाने के लिए आप इनका प्रयोग कर सकते हैं।

सनसनीखेज तथ्य
कविता या शायरी
कहावत
अभिवादन
हास्य

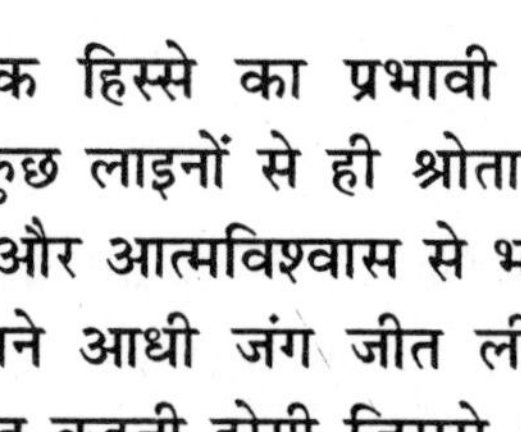

लघु कहानी
छंद, श्लोक
संस्मरण
प्रशंसा
सहयोगी तकनीकें

भारतीय परिप्रेक्ष्य में शुरुआत की कुछ विधियां

स्वागत धन्यवाद शैली

यह एक औपचारिक शुरुआत है। इसमें आयोजकों का आभार, उपस्थित प्रमुख हस्तियों और श्रोताओं का स्वागत करते हुए शुरुआत की जाती है।

यदि भाषण हेतु आपके पास समय कम हो तो नामों की लिस्ट एकदम छोटी कर दें।

किसी प्रभावी कविता या छंद से शुरुआत

भारतीय परिवेश में यह पद्धति विशिष्ट स्थान रखती है। पारिवारिक समारोह, सांस्कृतिक संध्या, धार्मिक कार्यक्रम, गणमान्य हस्तियों का परिचय जैसे कार्यक्रम हमारे यहां कविताओं और शायरी के बिना अधूरे माने जाते हैं।

उदाहरण : एक सांस्कृतिक संगीत संध्या

सुर के सभी साधकों को मेरा नमन,

आज की सुरमयी शाम में मैं आप सभी संगीत प्रेमियों का हृदय से स्वागत करता हूं। माँ सरस्वती की वंदना करते हुए ये पंक्तियां आपके साथ बांटना चाहूंगा।

वे स्पर्श ही क्या, जिस स्पर्श में अपनों का आभास न हो,
वे वादे क्या, जिन वादों के निभने का विश्वास न हो।
वे सुर ही क्या, जिन्हें सुनकर फिर सुनने की प्यास न हो,
वे कंठ ही क्या, जिन कंठों में मां सरस्वती का वास न हो।

माँ सरस्वती की हम सब पर कृपा बनी रहे इसी भावना के साथ मैं आज के कार्यक्रम की जानकारी आपको देना चाहूंगा।

"प्रभावी छंद और शायरी का श्रोता सदैव इंतजार करते हैं"

लघु कहानी शैली

लघु और प्रेरणादायक कहानियां भाषण के किसी भी हिस्से में उपयोग की जा सकती है। कहानी भाषण के विषय से जुड़ी होनी चाहिए।

कहानी का कोई अर्थ होना चाहिए जिसे श्रोता ग्रहण कर सके। कहानी छोटी और सहज होनी चाहिए। जटिल और लंबी कहानियों से सुनने वाले ऊब जाते हैं।

किसी एक सटीक तथ्य से शुरुआत

यदि श्रोता अत्यधिक शिक्षित और परिपक्व हो, तो यह शैली असरदार होती है। तकनीकी सेमिनार, कंपनी की मीटिंग, उत्पाद के सेल्स और प्रचार-प्रसार आदि में इसका बृहद उपयोग होता है।

उदाहरण : यह उदाहरण मेरे एक प्रशिक्षण कार्यक्रम का है जहां मुझे एक कंपनी में देर से आने वाले कर्मियों को समय का पालन करने हेतु प्रेरणा देनी थी। वहां लगभग सभी कर्मचारी आधा घंटे देर से कार्य शुरू करते थे।

भाषण : शुरुआत का हिस्सा

प्रिय मित्रों!

मैं आप सबको सर्वप्रथम जबरदस्त बधाई देना चाहूंगा, क्योंकि ऐसे कर्मी और ऐसी कंपनी दोनों ही संसार में बिरले हैं।

आप लोग बधाई के पात्र इसलिए हैं क्योंकि आपकी कंपनी गत 8 वर्षों से हर वर्ष आप 1000 कर्मचारियों को दो लाख तिरालीस हजार तीन सौ तैंतीस घंटों की तनख्वाह मुफ्त बांटती है। कितने घंटे, 2,43,333 घंटे और आप सभी कर्मचारी हर माह इसे सौगात के रूप में प्राप्त करते हैं।

मैं जानता हूं यह आंकड़ा आपको अविश्वसनीय लग रहा होगा लेकिन मैं इसे सिद्ध कर सकता हूं। यहां का हर कर्मचारी लगभग आधा घंटे देर से आता है और लगभग 10 मिनट पहले चला जाता है यानी हर व्यक्ति 40 मिनट कम काम करता है। 1000 कर्मचारियों के प्रतिदिन के 40 मिनट कंपनी के 2,43,333 घंटे होते हैं।

आप सब बिना किसी ग्लानि के इसे घर ले जाते हैं और फिर सुविधा और वेतन को लेकर हड़ताल भी करते हैं।

***

यह तथ्य सामने आते ही सभी कर्मी बुरी तरह चौंक गए, भाषण के अंत में हमने उन्हें सकारात्मक प्रेरणा दी और अगले कुछ ही दिनों में हमें आश्चर्यजनक परिणाम मिले।

ध्यान दें :

तथ्य एकदम सटीक और सच्चे होने चाहिए।
तथ्यों में ज्यादा उलझाव नहीं होना चाहिए।

संस्मरण शैली

भाषण में बड़ी-बड़ी लच्छेदार बातों से ज्यादा प्रभाव डालती है हमारे अपने जीवन से जुड़ी कोई सच्ची घटना। आज भी बुजुर्ग हमें जब अपने संस्मरण सुनाते हैं तो समय का पता ही नहीं चलता। आप अपने साथ, मित्र के साथ, परिवार के साथ या किसी काल्पनिक घटना का भी वर्णन कर सकते हैं।

उदाहरण : कॉलेज में पुराने छात्रों और शिक्षकों का मिलन समारोह

सभी गुरुजनों को मेरा हृदय से प्रणाम और दोस्तों का स्वागत,
आज हम सबको एक दूसरे से मिलकर जो खुशी हो रही है, उसे बयान करने के लिए शब्द कम पड़ रहे हैं। हमारे निर्माता, हमारे प्रिय गुरुजन यहां मौजूद हैं। हमारी तमाम शैतानियों और नादानियों को माफ करते हुए आपने विद्या का आशीर्वाद प्रदान किया। हम आपके ऋणी हैं।

सन् 1987 की बात है, मेरी वार्षिक परीक्षा चल रही थी, आज भी मुझे वह दिन याद है। उस दिन मैं स्कूल पहुंचने की जल्दबाजी में प्रवेश पत्र घर पर ही भूल आया था। स्कूल में उन दिनों नया प्रवेश पत्र तुरंत बनाने की व्यवस्था नहीं थी। परीक्षा कक्ष के अंदर जाकर मुझे याद आया और मैं मन ही मन कांप गया। इतने में उड़नदस्ते वालों का छापा पड़ गया और मुझे तुरंत बाहर निकाल दिया गया।

मेरी आंखों में आंसू आ गए क्योंकि यदि मैं प्रवेश पत्र लाने घर जाता तो कम से कम एक घंटा लगता और मैं फेल हो जाता। इतने में वहां से वर्मा सर निकले, उनकी दयावान नजर मुझ पर पड़ी। सारी बात समझने के बाद उन्होंने तुरंत प्रबंधन से बात की। काफी बहस के बाद प्राचार्य महोदय ने वर्मा सर से लिखित गारंटी मांगी। अपनी नौकरी को

खतरे में डालते हुए उन्होंने वह भी दे दी। मुझे परीक्षा देने की अनुमति मिल गई।

उन्होंने देवदूत बनकर मेरे भविष्य की रक्षा की। यदि उस वर्ष मैं फेल हो जाता तो शायद आज यहां चिकित्सक के रूप में न होता। ऐसे शिक्षक ईश्वर के रूप होते हैं, इस घटना ने जीवन के प्रति सोच ही बदल दी।

*****

ऐसे स्मरण जाकर दिल की गहराई में छूते हैं और सबको अपने साथ घटी घटनाएं याद आने लगती हैं। **"संस्मरण सफल भाषण के सबसे कारगर हथियारों में से एक है।"**

शुरुआत में ध्यान रखने योग्य बातें

- शुरुआत में आदरणीय, सम्माननीय कहते हुए लंबी लिस्ट न बनाएं।
- शुरुआत संक्षिप्त और प्रभावी रखें। इतनी लंबी न हो कि तथ्यों के लिए वक्त ही न रहे।
- माफी मांगने से या दीनता से शुरुआत न करें।
- अपनी व्यस्तता के बारे में बताते हुए बात शुरू न करें।
- कार्यक्रम की अव्यवस्थाओं के बारे में शुरुआत में बात न करें।
- श्रोताओं का ध्यान आकर्षित करें।
- एक सकारात्मक माहौल पैदा करें।
- श्रोताओं की हिचक हटाकर उन्हें सहज बनायें।

●●●

भाषण का मध्य

भाषण की शुरुआत के बाद के हिस्से को 'मध्य' कहते हैं। इसे हम 'तथ्य केन्द्र' या 'डाटा सेंटर' भी कह सकते हैं। यह भाषण के ग्लैमर से अलग हटकर उसकी मूल आत्मा है।

भाषण के मध्य या बॉडी की रचना करने हेतु तीन कार्य कीजिए-

1. मुख्य बिन्दु चुनिये जिन पर आपका भाषण आधारित होगा।
2. मुख्य बिन्दु को उपबिन्दुओं के माध्यम से समझिए।
3. सहयोगी तकनीकों का चुनाव कीजिए।

भाषण के मध्य का एक उदाहरण

विषय : पीने के पानी की विकराल समस्या

इस विषय के मध्य में निम्न जानकारी आएगी

तथ्य 1– समस्या के मुख्य कारण क्या हैं

तथ्य 2– पानी को कमी बढ़ती रही तो क्या होगा

तथ्य 3– पानी का दुरुपयोग कैसे रोकें

तथ्य 4– पानी का संग्रह कैसे करें

भाषण के मध्य में विषय से संबंधित तथ्य, विषय का भूत-वर्तमान-भविष्य, तुलनात्मक अध्ययन, रिसर्च, आंकड़े, विश्लेषण, निदान आदि रखा जाता है। अधिकांशतः इसी हिस्से में दृश्य-श्रव्य तकनीक, फ्लिपचार्ट आदि का उपयोग होता है।

मध्य भाषण का 50-70% हिस्सा होता है।

मध्य लम्बा और बोझिल हिस्सा माना जाता है परंतु चतुर वक्ता इस हिस्से को रोचक बना लेते हैं। नए वक्ता शुरुआत तो धमाकेदार करते हैं परंतु मध्य में श्रोता उनकी पकड़ से बाहर हो जाते हैं। अतः

(1) इसे एक आकर्षक स्वरूप प्रदान करें।
(2) आवाज में उतार-चढ़ाव बनाए रखें।
(3) चुटीले अंदाज में अपनी बात कहें।
(4) आंकड़ों का प्रस्तुतीकरण सरल और आकर्षक रखें।
(5) हाव-भाव से श्रोताओं का ध्यान खींचते रहें।
(6) दृश्य-श्रव्य माध्यम को रंगीन और आकर्षक स्वरूप दें।

मध्य और वक्ता की विश्वसनीयता

- गलत भ्रामक और जटिल विश्लेषण आपको सामान्य श्रोताओं से दूर ले जाते हैं।
- **बहुत ज्यादा तथ्यों से भरा भाषण देने की जगह सिर्फ दो या तीन सटीक तथ्यों के आधार पर आपका पूरा मध्य हिस्सा बना होना चाहिए।**
- एक तथ्य से दूसरा तथ्य जुड़ा हो ताकि श्रोताओं के दिमाग की ग्रहण करने की प्रक्रिया में बाधा न आए।
- यदि मध्य में कोई विवादास्पद तथ्य पेश कर रहे हैं तो खुद की भूमिका तटस्थ (Neutral) रखिए।
- श्रोता के हित की बात कीजिए, अपने हित की नहीं।

याद रखिए, ज्यादातर तथ्य और ज्ञान मध्य में होता है, जितना विश्वसनीय मध्य को बनाएंगे उतनी ही विश्वसनीय आपकी छवि होगी।

●●●

भाषण का अंत

भाषण एक प्रेम प्रसंग की तरह होता है, इसका आरम्भ तो कोई मूर्ख व्यक्ति भी कर सकता है, परन्तु सुचारु रूप से उसका अन्त करने के लिए पर्याप्त कुशलता की आवश्यकता होती है।

भाषण की शुरुआत और मध्य के बारे में आप पिछले अध्यायों में पढ़ चुके हैं। आइए भाषण समाप्त करने के तरीकों पर चर्चा करें क्योंकि–

- **किसी भी भाषण का अंत सफलता की कहानी को निश्चित करता है। अंत जितना असरदार होगा उतने ही लंबे समय तक सबको वह याद रहेगा।**
- अंत आपके पूरे भाषण के लक्ष्य को स्पष्ट करता है।
- अंत श्रोताओं को यह बताता है कि उन्हें क्या करना है और क्या नहीं।
- अंत भाषण का वह हिस्सा होता है जिसे श्रोता अपने साथ घर ले जाता है।

अंत तीर की नोक की तरह होना चाहिए जो श्रोता के दिल और दिमाग में चुभे, झकझोरे।

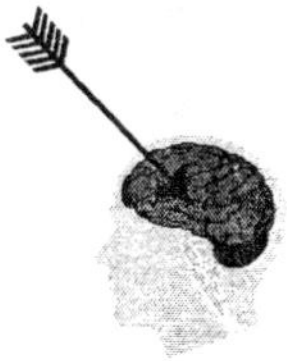

अंत करने के कुछ स्थापित तरीके

(1) अपीलात्मक अंत
(2) समाधान अंत
(3) भाव व मार्मिक अंत
(4) वादा-वचन अंत
(5) छंद या कविता से अंत
(6) हास्यपूर्ण अंत

अपीलात्मक अंत

राजनैतिक मंच से जनकल्याण के मुद्दों पर, अधीनस्थों की मीटिंग आदि में किसी एक बात की अपील करते हुए अंत किया जाता है। इसके अच्छे परिणाम आते हैं और सुनने वाले उस कार्य को करने हेतु प्रेरित होते हैं।

बड़े-बड़े राजनेताओं की अपील खून से सड़कें लाल कर देती हैं। हिटलर अपने भाषणों का रात-रात भर पूर्वाभ्यास किया करता था और अपने सैनिकों के बीच जाकर ऐसी तेज धार वाली अपीलें करता था कि सैनिक एक इशारे पर सही-गलत सब कुछ करने को तैयार होते थे।

श्री महात्मा गांधी ने एक बार एक आमसभा में अपील की- देश के लिए सर्वस्व न्योछावर कर दो। देखते ही देखते औरतों की कलाइयां, गले आभूषणों से खाली हो गए। पुरुषों के पास जो कुछ था, सब अर्पण कर दिया।

- अपील में असीमित ताकत होती है। अपील यदि सकारात्मक हो और दिल से की जाए तो शानदार परिणाम मिलते हैं। अपीलात्मक अंत को एक हथियार की तरह इस्तेमाल करें।

समाधान अंत

समस्याओं पर विचार करने के लिए जब विषय विशेषज्ञ को बुलाया जाता है तो अक्सर इस प्रकार का अंत उपयोग में आता है। इसमें बिन्दुवार समाधान सुझाए जाते हैं और उनके माध्यम से भाषण खत्म होता है जिससे श्रोता के दिमाग में समस्या हल करने का तरीका आ जाता है। इसमें ठोस बातों और सटीक तथ्यों का समावेश होता है।

भाव अंत, मार्मिक अंत, इमोशनल अंत

भारत भावना प्रधान देश है। हमारे लिए रिश्तों का, परिवार का, मित्रों का, भावनाओं का बहुत महत्त्व है। भावनाओं से भरा अंत श्रोताओं की आंखें गीली कर देता है, स्तब्ध कर देता है। वे इतने डूब जाते हैं कि कभी-कभी तालियां बजाने के लिए भी हाथ नहीं उठा पाते।

उदाहरण : सावधानी से वाहन चालन पर एक चर्चा का अंत

मैं आपसे अपने दिल की बात कहना चाहता हूं। आपको पूरा हक है कि तेज गति से गाड़ी चलाएं परंतु एक बात हमेशा याद रखिएगा कि घर पर पत्नी दरवाजे पर आपकी आहट का इंतजार कर रही है। बच्चे दिन भर के लड़ाई-झगड़े के किस्से आपको ही सुनाने के लिए बेचैन हैं। आपने जो चाकलेट लाने का वादा किया था उस वादे के इंतजार में वे तेजी से होमवर्क पूरा कर रहे हैं। आपकी बूढ़ी मां भी अब तक बैठी हैं कि आप घर पहुंचें तो वो आपसे चंद बातें करें और सोने जाएं... क्या आप अपने बिना अपने परिवार की कल्पना कर सकते हैं? आपकी तेज गति और जरा-सी असावधानी उनके जीवन में सदा के लिए अंधेरा ला सकती है।

क्या आप चाहते हैं कि उनका इंतजार इतना लंबा हो कि कभी खत्म ही ना हो! निर्णय आपके हाथ में है...

*****

ऐसे अंत श्रोताओं को सोचने पर मजबूर कर देते हैं। ऐसे अंतों में अक्सर नाटकीयता भी डालनी पड़ती है। सबकी आँखें नम हो जाती हैं और कई श्रोता तो रो पड़ते हैं। ऐसे अंतों का हमेशा सही बातों के लिए इस्तेमाल करेंगे तो आपकी सच्चाई आपकी आवाज का जादू बनकर सीधे श्रोताओं के दिलों पर असर करेगी।

धन्यवाद ज्ञापन के साथ अंत

सामान्य महफिलों में आयोजकों को और श्रोताओं को धन्यवाद देते हुए अंत कर सकते हैं। ये आपके विनम्र होने का प्रमाण देती हैं। यह एक औपचारिक स्वरूप प्रदान करती है।

ज्यादा भारी और झूठे धन्यवाद न दें। आपके धन्यवाद अंत में अनावश्यक लाइने नहीं होनी चाहिए। एकदम सहज सरल अंत करें और विनम्रता से अपना स्थान लें। बार-बार अंत न करें।

वादा - वचन अंत

इस अंत में आप श्रोता से कोई वादा करने को कहते हैं या उन्हें वचन में बांधते हैं।

उदाहरण : तंबाकू, बीड़ी आदि के खिलाफ एक भाषण के अंत का हिस्सा

बच्चा अपने माता-पिता को आदर्श मानता है। वो सोचता है कि जो भी मां-बाप कर रहे हैं, ठीक कर रहे हैं। जाने-अनजाने वो भी इन आदतों को अपनाता है। हम घर में तंबाकू का सेवन करते हैं, सार्वजनिक जगहों पर धूम्रपान करते हैं। हम नन्हें-मुन्नों के नाजुक मस्तिष्क में जहर भर रहे हैं। उन्हें प्रेरित कर रहे हैं कि वे भी ऐसा करें। हमें संभलना होगा। सोचिए यदि हमारे बच्चे हमारा अनुसरण करने लगे तो?

यदि हम उन्हें साफ और स्वस्थ भविष्य देना चाहते हैं ताकि कल वे हमें इन आदतों के लिए दोषी न ठहराएं तो हमें आज स्वयं को रोकना होगा। आइए, हम अपने बच्चों को एक स्वस्थ भविष्य देने के लिए संकल्प लें कि हम तंबाकू, बीड़ी, सिगरेट आदि का सेवन नहीं करेंगे ताकि हमारे बच्चे गर्व से कह सकें हमारे पिता हमारे आदर्श हैं।

* * * * *

कविता या शायरी से अंत

यदि आपकी शैली अच्छी है तो कहीं भी, कभी भी, आप अपने वक्तव्य के लक्ष्य से जुड़ी कविता या शायरी के साथ अंत कर सकते हैं। याद रखें, कविता पाठ स्पष्ट ठहराव के साथ और पूर्ण अभ्यास के साथ करें हो अन्यथा कविता के साथ आपका प्रभाव भी कम हो जाएगा।

उदाहरण : आत्मविश्वास पर भाषण के अंतिम हिस्से की चंद पंक्तियां

जब तब हम खुद की कीमत नहीं समझेंगे, दुनिया हमारी कीमत नहीं समझेगी। हम इस दुनिया में सिर्फ असफलता और हार के लिए नहीं आए हैं, ढेर सारी प्रसिद्धि और सफलता हमारी राह देख रही हैं। आइए, जबरदस्त योजना के साथ एक ऊंचा लक्ष्य बनाएं और मन में ठान लें कि चाहे कोई भी बाधा हो अब हम नहीं रुकेंगे। इन अंतिम लाइनों के साथ हम सब लक्ष्य की ओर बढ़ेंगे।

शब्दों में हो दम इतना, कि आह निकलनी चाहिए,
दुश्मनी की, रंजिशों की, दीवार सिमटनी चाहिए।
खुदी हो बुलंद इतनी, बाधाएं पिघलनी चाहिए,
मन में कुछ भी ठान लो, तकदीर बदलनी चाहिए।

*****

हास्यपूर्ण अंत

बोझिल भाषणों को, तकनीकी भाषणों को और अन्य सम्मेलनों को हास्य के साथ समाप्त किया जाता है ताकि श्रोता ताजगी महसूस कर सकें। इसके लिए स्वयं को भी हास्य का पात्र बनाया जा सकता है।

गंभीर मुद्दों पर, ज्वलंत मुद्दों पर, संदेशात्मक भाषणों में हास्य से अंत कभी न करें अन्यथा श्रोता पर अपेक्षित प्रभाव नहीं रह पाता और श्रोताओं के मनोमस्तिष्क में आपके संदेश की जगह हास्य आ जाता है। भाषण में हास्य के बारे में विस्तार से हमने आगे के अध्यायों में चर्चा की है।

अंत में ध्यान देने योग्य बातें

- अपनी बातों का सारांश कहें। यह सारांश श्रोता के दिमाग में लंबे समय तक रहता है।

  आप वक्तव्य के महत्वपूर्ण तथ्यों को और कार्य योजना को अंत में पुनः दोहराएं। अक्सर लंबे भाषण में श्रोता याद नहीं रख पाते कि उन्हें क्या दिमाग में रखना है और क्या भूलना है।
- महत्त्वपूर्ण तथ्यों के दोहराव के बाद ही ऊपर दी गई किसी भी शैली से अंत करें।
- अंत के शब्द बिल्कुल स्पष्ट, अर्थपूर्ण और प्रभावी हों।
- कभी भी ये बार-बार न कहें कि "मैं बस इतना कहूंगा" या "मैं अंत में यह कहना चाहता हूं"। श्रोता यह समझ नहीं पाते कि आप अंत कब करेंगे। अंत सिर्फ एक बार कहें और एक बार करें।
- अंत स्पष्ट रखें। आवाज में उतार-चढ़ाव इतना साफ होना चाहिए कि श्रोताओं को पता लगे कि अब उन्हें तालियां बजाना है। कभी-कभी आप भाषण खत्म कर देते हैं और श्रोताओं को तालियां बजाने का मौका ही नहीं मिलता।

सारांश

कार्यक्रम, श्रोता और उद्देश्य से संबंधित जानकारी जमा कीजिए। उस जानकारी के आधार पर स्रोतों से संबंधित सामग्री जमा कीजिए। उसमें से बेहतरीन, नवीन और प्रमाणित तथ्यों को छांटिए।

भाषण की रचना

(Structuring Of Speech)

भाषण की शुरुआत

श्रोताओं का ध्यान अपनी ओर आकर्षित कीजिए।

कहानी, शायरी, संस्मरण आदि का उपयोग कीजिए।

भाषण का मध्य

इसे सर्वाधिक महत्त्व दीजिए। समय के अनुसार तथ्य चुनिए। यदि छह मिनट का समय है तो लगभग दो या तीन विचारणीय मुख्य बिन्दु रखिए।

प्रथम मुख्य तथ्य : मुख्य तथ्य को उपतथ्यों की मदद से समझाइए

द्वितीय मुख्य तथ्य : मुख्य तथ्य को उपतथ्यों की मदद से समझाइए

सहयोगी तकनीकों का उपयोग कीजिए

भाषण का अंत

प्रभावी शब्दों में सार समझाइए जिसे श्रोता याद रखें।

अपील, वादा, सवाल, कहानी, शायरी, सूक्ति आदि से अंत कीजिये।

●●●

अब आप सामान्य से विशिष्ट बनने जा रहे हैं

क्योंकि आप जानेंगे

श्रोताओं को जीतने के तरीके

बातचीत और भाषण के सिद्धांत

वक्ता और विराम

भाषण और हास्य

शब्द ज्ञान

शब्दों पर दबाव

मेरे पसंदीदा टिप्स

आप, हम और मैं

और हां...

अब असफलता की नहीं
सिर्फ सफलता
की बात होगी

श्रोताओं को जीतने और प्रभावित करने के लिए जरूरी है स्पष्टता, सत्यता, विविधता, मौलिकता, प्रयोगशीलता, सकारात्मकता, विशिष्टता, विद्वता और स्वाभाविकता, आइए देखें!

श्रोताओं को जीतने के तरीके

भूगोल, भाषा और जीवनशैली के फर्क के बावजूद दुनिया भर के श्रोताओं में अभी भी काफी समानता है। वे सब प्रेम, प्रशंसा, सहानुभूति, बुद्धिमता, वाक्चातुर्य, सच्चाई और नवीनता पसंद करते हैं, क्या आपको अब भी लगता है कि श्रोताओं को जीतना कठिन है?

— लेखक

श्रोता की रुचि की बात

सफल वक्ता वही बनता है जो श्रोता की पसंद का ध्यान रखता है। जब भी आप श्रोता के देश, उनके व्यवसाय, उनकी स्थानीय समस्याओं की बात करते हैं तो श्रोता अपनापन महसूस करते हैं और आपकी कद्र करते है। उनकी और आपकी जिंदगी से जुड़ी बातें, छोटी-छोटी खुशियां और गम जब भाषण के बीच में आते हैं तो श्रोता आपके हो जाते हैं। यदि पूर्व में श्रोताओं की, संस्था की या उस समाज की कोई विशिष्ट उपलब्धि रही हो तो आप सहज शब्दों में उनकी प्रशंसा करें। वे सुनकर हैरान हो जाते हैं कि सब आपको पता कैसे चला।

श्रोताओं का हिस्सा बनें

आप उनसे जुड़ने का प्रयास कीजिए। यदि पूर्व में आपका उस शहर में आना हुआ हो तो उसका जिक्र करें। उस शहर के दुर्लभ स्मारकों की बात करें।

यदि उस भीड़ में आप कुछ लोगों को जानते हैं और वे प्रतिष्ठित हैं तो उनका जिक्र करें।

आप ऐसे बात करें जैसे आप खुद उस शहर के हैं और आप उस शहर से बेहद प्रेम करते हैं। ये कहने कि बजाय – यदि तुम्हें तुम्हारा यह शहर खूबसूरत बनाना है तो प्रदूषण हटाना होगा।

ये कहिए – यदि हमें हमारे इस शहर को खूबसूरत बनाना है तो हम सबको मिलकर प्रदूषण हटाना होगा।

जितना ज्यादा श्रोता अपनत्व महसूस करेंगे, उतना ही वे आप पर विश्वास करेंगे।

श्रोताओं की वास्तविक प्रशंसा करें

मैं अपने भाषणों में ऐसी लम्बी और लच्छेदार बातों में यकीन नहीं करता कि **"आप दुनिया की सबसे अच्छी ऑडियंस हैं"** या **"आपके जैसे श्रोता मैंने कभी नहीं देखे।"**

आजकल सुनने वाले समझदार हो गए हैं। आपकी इस मक्खनबाजी को लोग समझ लेंगे और उन पर कोई असर नहीं होगा।

सीधी दो टूक प्रशंसा करें जैसे "आप लोगों ने स्वागत करते हुए मेरे माथे पर तिलक लगाया, ये मुझे बहुत हृदयस्पर्शी लगा। मुझे मेरी माँ की याद आ गई जो हमेशा मेरे माथे पर तिलक लगाया करती थीं।"

या यूं कहें

मेरी आप लोगों के बारे में सामान्य सी राय थी मगर आप लोगों के ज्ञान का स्तर मेरी उम्मीद से काफी बेहतर था। आप लोगों के इस शानदार प्रदर्शन ने मेरी सभी धारणाओं को झुठला दिया।

श्रोताओं की सीधे मुंह पर निन्दा न करें

कभी-कभी हम किसी क्षेत्र और वहां की अव्यवस्थाओं की कड़े और कड़वे स्वर में निन्दा कर देते हैं, ये निन्दा जितनी सामान्य हो उतनी

अच्छी है। यदि आपने कभी कहा कि यहां के श्रोता सहयोगी नहीं हैं या ये कहा कि कलाकारों के लिए यह शहर ठीक नहीं है तो श्रोता नाराज हो सकते हैं। हो सकता है कि अपनी भावनाओं पर नियंत्रण न रख पाएं और वहां आपको अपमानित कर दें। श्रोता लड़ाई पर उतर जाएं और भीड़ साथ देने लगे। आपको कार्यक्रम बीच में ही बंद करना पड़ेगा। इसलिए निन्दा हमेशा मिठास के साथ कीजिए और सुरक्षित रहिए।

अपने श्रोताओं को अपना संक्रामक उत्साह दीजिए

अपने विषय और भाषण के प्रति उत्साहित रहिए। आपका उत्साह आपके चेहरे और शरीर से झलकना चाहिए। आप आत्मविश्वास से अपना यह उत्साह श्रोताओं में पहुंचाइए। आपने कभी कोई नीलामी सुनी है, वहां मुख्य वक्ता इस कदर उत्साह से भर कर बोली बढ़ाता है कि धीरे-धीरे यह करंट श्रोताओं तक पहुंच जाता है। हर कोई इतना उत्साहित हो जाता है कि लोग अपनी हैसियत से ऊंची बोली लगा बैठते हैं।

जब आप कोई नई योजना या प्रस्ताव पेश करने वाले हों तो अपने आपको उत्साह के चरम पर ले जाइए। आपकी बातों के माध्यम से आपका उत्साह सुनने वालों का रक्त प्रवाह बढ़ा देगा।

अपनी जिंदगी को देखिए, ढेरों उदाहरण मिलेंगे

सभी प्रभावी भाषण की किताबें बड़ी-बड़ी बातों से भरी हुई होती हैं और हर वक्ता उनका इस्तेमाल करता है। विशेष बनने के लिए आप अपने जीवन में झांकिए, अपने बचपन में जाइए, अपने आसपास देखिए। ऐसे ढेर सारे खट्टे-मीठे अनुभव मिलेंगे जिससे आप अपनी बातों को जिंदगी दे सकेंगे। बड़ी बातों का क्षणिक प्रभाव होता है और सच्चे अनुभव लंबे समय तक असर करते हैं।

सिर्फ थ्योरी और लच्छेदार बातों से लोग ऊब जाते हैं। अपने संबोधन को सुंदर उदाहरणों से सजाइए। ऐसे-ऐसे तथ्य लाइए कि लोग आश्चर्यचकित हो जाएं। आपके हर भाषण का लोग इंतजार करेंगे।

व्यक्तियों के उदाहरण इस्तेमाल कीजिए

"दो डॉक्टरों ने एक साथ परीक्षा उत्तीर्ण की। चिकित्सक बनकर प्रैक्टिस शुरू की। प्रैक्टिस के 10 साल बाद एक व्यक्ति सफलता के शिखर पर पहुंच गया। प्रसिद्ध हुआ, बहुत धन कमाया, दो बंगलों और लक्जरी गाड़ियों का मालिक बना। वहीं दूसरा एक साधारण-सी क्लिनिक से अपना जीवन-यापन कर रहा है। ना प्रसिद्धि, ना सफलता, कुछ भी नहीं है उसके पास। ये मेरे दो दोस्तों डॉ. राज और डॉ. विनीत की कहानी है (नाम बदले हुए हैं)। एक ही कॉलेज, एक ही डिग्री, फिर एक सफल और दूसरा साधारण क्यों?

फर्क था दोनों की सोच और बात करने के तरीके में। राज का नजरिया शुरू से ही सकारात्मक था। वह जानता था कि इस डिग्री के साथ मुझमें प्रभावी बातचीत और योजनाबद्ध कार्य करने की कला होनी चाहिए। उसने योजना बनाई, छोटे-छोटे लक्ष्य रखे और बड़ी कामयाबी की तरफ बढ़ता चला गया। वह हर मरीज से ऐसे बात करता था मानो वह बहुत निकट का, बहुत अपना हो। वहीं विनीत काम को टालते रहता था। उसका नजरिया नकारात्मक था। वह चुनौती से दूर भागता था। आपको चुनना है, राज बनना चाहेंगे या विनीत।"

व्यक्तियों के जीवंत उदाहरण इस्तेमाल करने से सुनने वाले अपनापन महसूस करते हैं और आपके उदाहरणों में स्वयं को ढूंढ़ते हैं।

अपने आसपास के ऐसे लोगों को चुनिए जो कभी बहुत साधारण थे और अपनी मेहनत से आज ऊंचे मुकाम पर हैं, ऐसे उदाहरण हमेशा दिलोदिमाग को झकझोरते हैं। विवादास्पद नामों से बचिए।

अपना मजाक बनाइए, खुद पर हंसने का साहस करिए

खुद को छोटा बनाना या खुद पर हंसना बहुत बड़ी कला है। आप चुभने वाली आलोचना को खुद पर हंस कर प्रभावहीन बना सकते हैं। इसके कई और सकारात्मक पहलू हैं। ये व्यक्तित्व की विनम्रता को उजागर करती है। ये आपके आत्मविश्वास और आत्मसम्मान को दर्शाती है। ये आपके साहस की सूचक है। श्रोताओं को इस बात से बहुत प्रेरणा

मिलती है कि आप भी शुरुआत में कई बार असफल हुए थे परंतु आज सफल हैं।

दीनता या माफी से शुरुआत मत कीजिए

कुछ लोग ऐसी लाइनों से बात प्रारंभ करते हैं–**"मैं तो इस काबिल नहीं था फिर भी आपने मुझे बुलाया"** या **"मुझ जैसे छोटे आदमी को आपने सम्मान दिया।"** आपको दीनता दिखाने की या माफी मांगने की कोई आवश्यकता नहीं है। आप इसमें अपना और श्रोताओं का कीमती समय बर्बाद कर रहे हैं। इससे श्रोताओं पर गलत प्रभाव पड़ता है। आपको जिस भूमिका हेतु बुलाया गया है, अदा कीजिए और विदा लीजिए। किसी बात के लिए क्षमा भी मांगनी हो तो भाषण के बीच में सरल शब्दों में अपनी बात कह दीजिए।

किसी और की नकल मत कीजिए, स्वाभाविक बनिए

अक्सर हम अपने आसपास के किसी व्यक्ति से प्रभावित होकर उसकी नकल करते हैं। मेरा अनुभव कहता है कि किसी भी संबोधन या प्रस्तुति में आप अपनी व्यक्तिगत पहचान बनाइए। किसी की नकल मत कीजिए। यदि नकल के चक्कर में आपने अपनी मौलिकता खो दी तो आप असल से भी जाएंगे और सूद से भी। भावनाएं जो आपका दिल और शरीर सामान्य अवस्था में व्यक्त करता है, वे सब नकल करते वक्त पैदा नहीं होतीं।

प्रशंसा कीजिए, सकारात्मक सोच बांटिए

एक बच्चा दिन भर कचरा बीनता था और रात को बैठकर पढ़ाई करता था। उसका पिता रिक्शा चलाता था और शराब का आदी था। जैसे ही वह पढ़ने बैठता, उसका पिता कहता कि पढ़ लिखकर क्या करेगा, आखिर बड़ा होकर रिक्शा ही चलाना है। ये बातें उस बच्चे को बहुत चुभती थी। धीरे-धीरे उसमें भी नकारात्मक विचार पनपने लगे। उसका मनोबल गिरने लगा।

एक व्यक्ति उसे रोज रात को पढ़ते हुए देखता था और मन ही मन प्रशंसा करता था। उस व्यक्ति ने एक दिन उससे कहा- इतने अभावों में भी तुम पढ़ाई करके अपनी असाधारण लगन का परिचय दे रहे हो, तुम अवश्य बड़े आदमी बनोगे। उसने उस बच्चे की पुस्तकों से यथा योग्य मदद की। वे पहले प्रशंसा के शब्द थे जो उस बच्चे ने सुने थे। पहली बार उससे किसी ने कहा कि तुम बड़े आदमी बनोगे। आगे चलकर वह इंग्लैंड में एक प्रसिद्ध वकील बना।

आप भी प्रशंसा से दूसरों का और अपना जीवन बदल सकते हैं।

एक सामान्य व्यक्ति की तरह अपनी बात कहिए

वक्तव्य में बड़ी-बड़ी और महान बातें कहने की जगह एक साधारण इंसान की तरह साधारण शब्दों में अपनी बात रखिए। आपकी बात सामान्य से लेकर विशिष्ट तक सबको अपील करनी चाहिए। याद रखें साहित्यिक और बड़ी बातों की सिर्फ प्रशंसा होती है परंतु सामान्य बातों का दिल पर असर होता है।

गॉडफादर बनकर सब कुछ हो सकता है, कहना गलत है। बड़ा व्यक्ति जितनी सामान्य बात कहता है, उतना ही ज्यादा प्रसिद्ध वह होता है।

अपने दिमाग को सफलता के लिए तैयार करो

यह एक वैज्ञानिक तथ्य है कि हम दिमाग को जैसे संदेश देते हैं, दिमाग वैसे ही कार्य करता है। यदि हम दिमाग को लगातार असफलता और हार का संदेश देंगे तो हार निश्चित है। शरीर में निगेटिव टॉक्सिन बढ़ जाएंगे। यदि आप दिमाग को सफलता और आत्मविश्वास का संदेश देंगे तो आप प्रसन्न रहेंगे और शरीर में पॉजिटिव हारमोंस का प्रभाव होगा। यदि आप बार-बार खुद से कहें कि "मैं यह कर सकता हूं और करके रहूंगा" तो आप सफलता से उसे पूरा करेंगे।

दिमाग को सफलता के लिए आज और अभी तैयार कीजिए

यदि आप और आपका मस्तिष्क खुद की सफलता के लिए आश्वस्त नहीं है तो आप विजय का संदेश दूसरों तक नहीं पहुंचा पाएंगे।

— लेखक

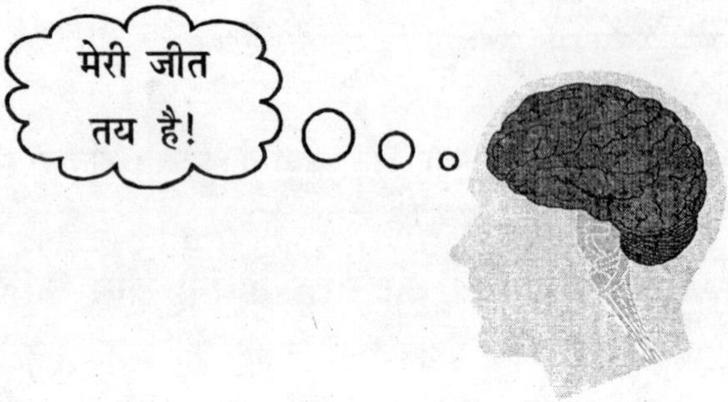

हममें से हर एक के दिमाग में करोड़ों डालर के विचार भरे हुए हैं। समस्या यह है कि ज्यादातर लोग यह नहीं जानते कि इस विचार को करोड़ों डालर में कैसे बदला जाए।

— राबर्ट कियोसाकी

बातचीत हो या भाषण 8 'C' सिद्धांत

> गप्पी वह है जो तुमसे अन्य व्यक्तियों के बारे में बात करे, ऊब पैदा करने वाला वह है जो तुमसे स्वयं अपने बारे में बात करे और एक बुद्धिमान वार्तालाप करने वाला वह व्यक्ति है जो तुमसे तुम्हारे बारे में बात करें।

चाहे आप अपने ऑफिस में कोई रिपोर्ट पेश कर रहे हैं, एक सेल्समैन के रूप में उत्पाद की मार्केटिंग कर रहे हैं, शिक्षक के रूप में छात्रों को पढ़ा रहे हैं या एक भाषण प्रतियोगिता में हिस्सा लेने जा रहे हों, यह आवश्यक है कि शब्दों का विस्तृत ज्ञान और उनका उपयोग करने की तकनीक आपको मालूम हो।

यह सिद्धांत बोलने की कला के हर क्षेत्र के लिए सबसे उपयोगी है, आइए देखें–

1. **CLARITY** – **स्पष्टता**
2. **CONCRETENESS** – **ठोस**
3. **CORRECTENSS** – **सही**
4. **CONCISENESS** – **संक्षिप्त**
5. **COLOUR** – **चित्रात्मक/रंगीन**
6. **COMMONSENSE** – **सामान्य ज्ञान**
7. **CREATIVITY** – **रचनात्मकता**
8. **COURTESY** – **विनम्रता, शिष्टाचार**

C CLARITY
स्पष्टता

यह सबसे महत्त्वपूर्ण है। चाहे सामान्य बातचीत हो या कोई वक्तव्य, यदि आपके शब्द स्पष्ट नहीं होंगे तो श्रोता समझ नहीं पाएंगे। स्पष्ट कहने के लिए आवश्यक है कि–

- ❑ आपको यह मालूम हो कि आप क्या कहना चाहते हैं।
- ❑ आपके पास वे शब्द हों जिनसे आप सरलता से दूसरे व्यक्ति को समझा सकें।
- ❑ आप जो कह रहे हो, आपकी शारीरिक भाषा वैसी ही हो।

हम सबको यह भ्रम होता है कि हमारी बातें स्पष्ट होती है परंतु एक बार पुनः ध्यान दें। दैनिक जीवन में गौर करें–

- ❑ क्या आपके साथी अक्सर आपसे बात दोहराने को या फिर से कहने को कहते हैं।
- ❑ क्या दूसरों को आपकी बात समझने में अतिरिक्त ध्यान देना पड़ता है।
- ❑ क्या अक्सर आपकी कही हुई बात को लोग गलत समझ लेते हैं।
- ❑ **क्या आपके साथ "एक बार फिर कहिए, माफ कीजिए, मैं सुन नहीं पाया, क्या आप स्पेलिंग बतलाएंगे, कृपया लिख कर दे दीजिए, पार्डन" ऐसे शब्द अक्सर उपयोग किए जाते हैं।**

यदि इनका जवाब "हां" है तो अवश्य ही आप स्पष्ट नहीं कहते। अक्सर निम्न गलतियां की जाती हैं–

1. **जल्दी-जल्दी बोलना**
2. **क्लिष्ट/ कठिन शब्दों का उपयोग**

बहुत से लोग श्रोताओं को प्रभावित करने के लिए और भाषाज्ञान दिखाने के लिए कठिन शब्दों का उपयोग करते हैं जो सामान्य श्रोता की समझ से बाहर होते हैं। कई शिक्षक अपने छात्रों के बीच भाषा की कठिनता की वजह से लोकप्रिय नहीं होते। एक हिंदी के प्राध्यापक ने छात्रों के बीच एक उदाहरण के अंत में कहा–

उसका सूर्य अस्त हो गया, लौहपथगामिनी की चपेट में आकर प्राण पखेरू उड़ गए।

किसी छात्र की समझ में कुछ नहीं आया तो एक साथी शिक्षक ने सरलता से कहा **"रेल दुर्घटना में उनका देहांत हो गया।"**

3.तकनीकी शब्दों का उपयोग

श्रोताओं की पृष्ठभूमि को ध्यान में रखते हुए तकनीकी शब्दों का उपयोग करें।

कंप्यूटर के क्षेत्र में अवार्ड प्राप्त समीर मलकान को जब उनके गांव के समाज ने सम्मानित करने हेतु बुलाया तो आदत के अनुसार उन्होंने अपने भाषण में दिमाग की हार्ड डिस्क, गीगाबाइट, शरीर का हार्डवेयर, भावनाओं का साफ्टवेयर जैसे शब्दों का जमकर उपयोग किया। यदि कंप्यूटर शिक्षित श्रोता होते तो उन्हें बेहद तालियां मिलतीं लेकिन उस समारोह में सब लोग उनकी बात खत्म होने का बेसब्री से इंतजार करते रहे क्योंकि श्रोता इतने तकनीकी शब्दों से अनभिज्ञ थे।

इसलिए हमेशा सरल शब्दों का उपयोग करें।

4.धीमा बोलना

कुछ लोग इतनी धीमी आवाज में बात करते हैं कि सामने वाले तक आधी बात पहुंचती है और आधी नहीं। अक्सर इनकी अस्पष्ट सी बातों पर ध्यान नहीं दिया जाता। इन्हें दब्बू और रिजर्व समझा जाता है और साथ ही इनकी टीम वर्क की योग्यता पर प्रश्नचिह्न लगा दिया जाता है।

C CONCRETENESS
ठोस

हालांकि 60-70% बात हम लोग सामान्य शैली में कहते हैं फिर भी सटीक अर्थ के लिए बातें ठोस होना जरूरी है। पूरी गोलमोल बातों से गलतफहमियां पैदा होती हैं। उदाहरण के लिए यदि हमें होंडा सिटी कार के बारे में बोलना हो तो इसे ठोस रूप में ऐसे कहेंगे–

होंडा सिटी एक (सामान्य ——————→ ठोस)

वस्तु → चलित वस्तु → वाहन → चौपहिया वाहन → कार →

→ **लग्जरी कार**

जैसे हम चेहरे के भाव का वर्णन करें, सचिन **तेंदुलकर के चेहरे** पर

चेहरे में परिवर्तन था → होंठ खुले थे → **मुस्कान थी**

सामान्य ——————————————————————→ ठोस

जितनी ठोस और स्पष्ट बात करेंगे, उतनी ज्यादा सफल होने की गुंजाइश होगी और गलतफहमियां कम होंगी।

C CORRECTNESS
सही

ये त्रुटियां मुख्य रूप से देखने में आती हैं

1.गलत उच्चारण

अक्सर हिन्दी भाषी लोग इंग्लिश शब्दों के उपयोग के दौरान गलतियां करते हैं जैसे सेक्रेटरी को सेकेटरी, कांग्रचुलेशन को कांग्रुलेशन, कैरेक्टर को कैलेक्टर, प्रॉब्लम को प्रलाब्लम, गवर्नमेंट को गवरमेंट

ऐसी गलतियां अधिकांशतः सही उच्चारण न जानने से होती है परंतु कभी-कभी जल्दबाजी में भी हो जाती है।

2.गलत व्याकरण (ग्रामर)

उदाहरण के लिए – **द शीतल इज कन्फ्यूज्ड**

इसका सही वाक्य होगा – **शीतल इज कन्फ्यूज्ड**

बातचीत और वक्तव्यों में ऐसी गलतियों की भरमार होती है जो जानकार श्रोताओं को विचलित कर देती है। जिस भाषा पर आपका अधिकार और अच्छा ज्ञान हो उसी भाषा का उपयोग करें।

3.गलत बात/ गलत तथ्य

जब आप जानकारी न होते हुए भी कोई गलत बात कहते हैं, ये सीधे-सीधे आपकी योग्यता और ज्ञान पर सवालिया निशान लगा देती है। तथ्यों का संकलन करते हुए इसका अतिविशिष्ट ध्यान रखें।

4.लहजा

हमारे देश में अलग-अलग प्रांतों में बोलने का लहजा अलग है, कभी-कभी लहजा बदलने से पूरा अर्थ बदल जाता है। मेरे एक प्रिय मित्र रायपुर के डॉ. संजय जैन ने एक किस्सा सुनाया। हुआ यूं–एक अधिकारी ने अपनी विदाई पार्टी में विभाग के लोगों को अंतिम लाइन कही–

ना गिला करता हूं, न शिकवा करता हूं।
तुम सलामत रहो, ये दुआ करता हूं॥

एक बंगाली भाषी कर्मचारी को ये लाइनें बेहद पसंद आई। एक अन्य कार्यक्रम में बंगाली बाबू मोशाय ने अपने बंगाली लहजे में इन्हें यूं दोहराया–

ना गीला करता है, ना सूखा करता है।
तुम साला मत रहो, ये दुआ करता है॥

यह उदाहरण क्षेत्रीय और भाषाई परिवर्तन को समझने के लिए बेहतरीन है। इस "C" का अवश्य ध्यान रखें अन्यथा शिक्षित और बुद्धिजीवी वर्गों में आप वक्ता के रूप में स्वीकार नहीं किए जाएंगे।

C CONCISENESS
संक्षिप्त

नेताओं, गुरुओं और समाजसेवकों को यह सीखना अत्यन्त आवश्यक है। यह विडंबना है कि इन तीनों वर्गों को माइक पकड़ने के लिए नहीं बल्कि छोड़ने के लिए आग्रह करना पड़ता है। पूर्व नियोजित व योजनाबद्ध कार्यक्रमों में हर वक्ता को समय पहले से आबंटित होता है। उपलब्ध समय में श्रेष्ठतम और अधिकतम कहना वक्ता की जिम्मेदारी होती है।

अमेरिकन राष्ट्रपति फ्रैंकलिन रुजवेल्ट ने अपने पुत्र जेम्स को भाषण का मूल मंत्र दिया कि जब भी आपको बोलने को कहा जाए–

सत्य कहो,

सरल कहो,

संक्षिप्त कहो,

स्थान ले लो

संक्षिप्त और प्रभावी लाइनें जल्दी-जल्दी याद होती हैं, ज्यादा समय तक मस्तिष्क में रुकती हैं और ज्यादा प्रेरणा देती हैं।

तुम मुझे खून दो, मैं तुम्हें आजादी दूंगा
स्वराज्य हमारा जन्मसिद्ध अधिकार है
पूरा काम करो या पूरा आराम करो
दुर्घटना से देर भली
बच्चे दो ही अच्छे
हम दो हमारे दो
करो या मरो
आराम हराम है
जय जवान जय किसान

क्या ये नारे हम कभी भूल पाएंगे। इन्हीं को कई लोग लंबे चौड़े वाक्यों से कहते हैं परंतु कम शब्दों में सारगर्भित बातें कहने वाला व्यक्ति सुनने वालों पर ज्यादा प्रभाव डालता है और ज्यादा समय तक याद रखा जाता है।

C COLOUR
चित्रात्मक/ध्यान खींचने वाला

इससे मेरा आशय है, विशिष्ट चित्रात्मक या भावनात्मक वर्णन करना। एक ही अर्थ वाले वाक्यों को कई तरीकों से कहा जा सकता है और शैली और शब्द रचना बदलते ही उस वाक्य के प्रभाव में जबरदस्त परिवर्तन आता है। इससे आप श्रोताओं को अपनी बात के साथ किसी दृश्य की कल्पना करने को मजबूर कर सकते हैं।

उदाहरण : सामान्य शैली

हम अक्सर दुर्घटनाओं के बारे में सुनते या देखते हैं, कभी-कभी

अपनी सूझ-बूझ से लोग बच जाते हैं। दुर्घटना होने की स्थिति में क्या करें, यह सबको सीखना चाहिए।

इसी बात को ध्यानाकर्षक और प्रभावी बनाने के लिए एक काल्पनिक उदाहरण के साथ यूं कहा गया।

एक बार मैं अपनी कार से जा रहा था, अचानक मुझसे कुछ ही दूरी पर एक कार पलट गई। कार में एक दंपती और दो बच्चे थे। शायद वह पुरुष बेहद साहसी था। चोटिल होने के बाद भी उसने महिला और एक बच्चे को सकुशल बाहर निकाल लिया। दूसरा बच्चा अचेत था। डैशबोर्ड और सीट के बीच फंसा था। उसकी सांसें मंद होती जा रही थीं। उस व्यक्ति ने उस बच्चे को तुरंत कृत्रिम श्वांस दी और विभिन्न आपात पद्धतियों का उपयोग किया। कुछ ही क्षणों बाद उस बच्चे ने आँखें खोलीं और धीरे से कहा–पापा! उसके पिता ने उसे नवजीवन दे दिया।

क्या हम और आप ऐसी परिस्थितियों में अपने बच्चों की रक्षा कर पाएंगे। यदि आपका जवाब नकारात्मक है तो आप जानते हैं आज आपको क्या करना है? आइए, आपातकालीन चिकित्सा सीखें।

सारे सुनने वाले अंदर तक विचलित और चिंतित हो चुके थे और मनोयोग से सीखने को तैयार थे। अपनी बातों में हमें ऐसा रंग भरना होगा कि हमारी शैली हमेशा दूसरों से अलग नजर आए।

यदि आप इन C को ध्यान में रखते हैं तो आप सामान्य बातचीत, प्रोफेशनल मीटिंग, प्रतियोगी परीक्षा और मंच पर भाषण जैसी समस्त स्थितियों में विशिष्ट प्रभाव छोड़ सकते हैं।

C COMMONSENSE
सामान्य ज्ञान

यह लोक व्यवहार की कुंजी है। संसार के सभी ज्ञानों में सबसे महत्वपूर्ण सामान्य ज्ञान है।

क्यों बोलना है?
क्या बोलना है?
कहां बोलना है?

किससे बोलना है?
क़ब बोलना है?

यह जानने और समझने के लिए सामान्य ज्ञान अति आवश्यक है जिसे हम 'कॉमनसेंस' कहते हैं। इस किताब को लिखते हुए मैंने कामनसेंस का विशेष ध्यान रखा है ताकि यह हर वर्ग के लिए उपयोगी सिद्ध हो सके।

कामनसेंस का नियम कहता है कि जब भी आप बोलें, दूसरों की जाति, सम्प्रदाय, धर्म, परिवार, व्यवसाय, संस्कार और संस्कृति का सम्मान करें। उस व्यक्ति के स्वभाव को भी ध्यान में रखें।

"मुझे चिकित्सकों की एक पार्टी याद है जहां एक समाज सेवक को मुख्य अतिथि बनाया गया था। समाज सेवक ने भाषण प्रारंभ करते ही सीधा चिकित्सकों और चिकित्सा के व्यवसायीकरण का मुद्दा उठा दिया। चिकित्सक असहज हो उठे परन्तु वह व्यक्ति लगातार चिकित्सक समुदाय के आचरण की आलोचना करता रहा। आक्रोशित चिकित्सकों ने मुख्य अतिथि को जबरदस्ती मंच से नीचे उतार दिया और शर्मिन्दा होकर उन्हें कार्यक्रम बीच में ही छोड़कर जाना पड़ा। चिकित्सकों की सभा में चिकित्सा जगत पर आघात करने वाले व्यक्ति में शायद कामनसेंस या सामान्य ज्ञान का अभाव था इसलिए यह परिणति हुई।"

सामान्य बातचीत में भी लोग ऐसी गलती कर बैठते हैं। दूसरों से किसी निजी विवाद के बारे में, आर्थिक स्थिति के बारे में व पारिवारिक कलह जैसे विषयों पर सवाल पूछ बैठते हैं और विवाद पैदा हो जाता है।

C — CREATIVITY
रचनात्मक

आप जितने रचनात्मक और प्रयोगशील होंगे, उतने ही श्रोता आपसे प्रभावित होंगे। आपको बातचीत और भाषणों में विशिष्ट तत्त्व पैदा करने होंगे जिससे आप सुननेवालों को बांध कर रख सकें।

शायरी, कहावत, लघु कहानी, संस्मरण, घटना, दुर्घटना आदि विशिष्ट सामग्री के माध्यम से अपना विशेष प्रभाव छोड़ सकते हैं।

बातचीत में भी सुस्त और ऊबाऊ लोगों की संगत किसी को रास नहीं आती, सब ऊर्जा से भरे हंसमुख साथी चाहते हैं। दैनिक जीवन में हम बहुत से लोगों से मिलते हैं और कुछ दिन बाद भूल जाते हैं परंतु कुछ ऐसे लोग होते हैं जो दिल पर स्थायी छाप छोड़ जाते हैं। यह छाप रचनात्मकता अर्थात क्रिऐटिविटी से पैदा होती है। एक आधुनिक कॉलेज में वेलेन्टाइन डे पर आयोजित एक कार्यक्रम में मैं भी शरीक हुआ। वहां एक भाषण प्रतियोगिता थी और विषय अत्यंत जटिल था। उस भाषण प्रतियोगिता का विषय था- **"चुम्बन की व्याख्या"**

मैं खुद गश खा गया कि इस विषय पर इतने लोगों के बीच युवा क्या बोल पायेंगे।

अधिकांश प्रतियोगी अच्छा प्रदर्शन नहीं कर पा रहे थे। शालीन शब्दों के चुनाव की मजबूरी की वजह से कोई भी विषयवस्तु पर सीधी बात नहीं कह पा रहा था।

और एक सुखद अनुभव की तरह एक प्रतियोगी आया और बिल्कुल अनूठे दृष्टिकोण से उसने अपने भाषण को गति दी। उसके हाथ में कुछ पोस्टर थे जिन पर चित्र बने हुए थे।

उसने कहा-

- **भौतिक विज्ञानियों के अनुसार चुम्बन हृदय के विस्तार की वजह से होने वाला होठों का संकुचन है।**
- **दंत चिकित्सक के अनुसार चुम्बन से इन्फेक्शन फैलता है और बीमारियां हो सकती है।**
- **अर्थशास्त्री के अनुसार चुम्बन एक ऐसा उधार है जिसे देने पर भी खुशी होती है और वापिस लौटने पर वह दुगुनी हो जाती है।**
- **रसायन शास्त्री के अनुसार चुम्बन धातु, पानी, लवण आदि का आदान-प्रदान है।**

और इस तरह से प्रतियोगी ने लगभग १२ तर्क रखे और हर तर्क के साथ एक पोस्टर दिखाया। वह एक अद्‌भुत प्रदर्शन था। एक विवादित विषय को उस प्रतियोगी ने बेहद सहज और स्वीकार्य बना दिया।

आप भी शब्दों में, भाव भंगिमाओं में और प्रस्तुति के समस्त क्षेत्रों

में अपनी कल्पना शक्ति और रचनात्मकता से मौलिकता ले आइए जिससे आपसे मिलने वाला व्यक्ति कभी आपको भूल न सके।

C COURTESY

विनम्रता-सौजन्यता-शिष्टाचार

यह सिर्फ भाषा ही नहीं वरन चरित्र का भी आभूषण होना चाहिए। इसे हम शिष्टाचार, विनम्रता, संस्कारिता, सौजन्यता आदि अनेक शब्दों से संबोधित करते हैं। हृदय से धन्यवाद देना, गलतियों पर विनम्रता से क्षमा याचना करना और दूसरों के प्रति आदरभाव रखना, ये व्यक्तित्व के अनमोल गुण है।

अपनी उपलब्धियों पर खुश होना मगर अहंकार से बचे रहना विनम्रता का ही रुप है।

"महान प्रेरक डेल कारनेगी एक पार्टी में गये थे। एक भद्र महिला जो उनके बगल में बैठी थी, उन्होंने डेल से बात शुरू की। वह महिला लगातार लगभग दो घंटे बोलती रही और डेल चुपचाप सिर हिलाते हुए सुनते रहे, एक शब्द भी नहीं कहा। डेल के पास और कोई रास्ता भी नहीं था सिवाय सुनने के क्योंकि उठकर जाना अभद्रता होती। जैसे ही पार्टी खत्म हुई, उस महिला ने डेल से कहा- डेल-तुम एक अद्‌भुत वक्ता हो। डेल ने मन ही मन झुंझलाते हुए सोचा कि मैंने तो एक भी शब्द भी नहीं कहा। डेल जो कि अत्यंत विनम्र व्यक्ति थे, उन्होंने महिला के अनुरुप जवाब देते हुए कहा- आप भी अद्‌भुत श्रोता हैं। मुझे सुनने हेतु धन्यवाद।"

भारत के सिने सुपरस्टार अमिताभ बच्चन मेरे आदर्श हैं। उनके जैसा विनम्र और सुसंस्कृत व्यक्ति मैंने दूसरा नहीं देखा। करोड़ों लोग उनकी झलक देखने को तरसते हैं लेकिन वे हमेशा दोनों हाथ जोड़े हुए अपनी सफलताओं का श्रेय दूसरों को देते हुए नजर आते हैं। फिल्मों में दिये गये उनके भाषण मेरी कार्यशाला का अटूट हिस्सा है।

जो लोग थोड़ी सी सफलता हासिल करते ही अहंकार में चूर हो जाते हैं, दूसरों से दुर्व्यवहार करने लगते हैं, उन्हें अमिताभ बच्चन जैसे शिखर पुरूष से सबक लेना चाहिए।

मुख्य बिन्दु

- अपनी बात विराम व अर्द्धविराम के साथ स्पष्टता से कहें।
- गोलमोल और अस्पष्ट कहने की बजाय ठोस बाते कहें। जो कहें, सही कहें, उच्चारण, व्याकरण व विश्वसनीयता का ध्यान रखें।
- संक्षिप्त कहें, कम शब्दों में ज्यादा कहने की कोशिश करें।
- सभी ज्ञानों के ऊपर सामान्य ज्ञान को रखते हुए बात करें।
- अपनी बातों में रचनात्मकता व मौलिकता पैदा करें।
- विनम्रता और शिष्टाचार के नियमों का पालन करें।

●●●

भाषण और हास्य

श्रोताओं को हंसाना किसी के लिए सरल तो किसी के लिए कठिन कार्य है। यदि आप चाहते हैं–

- लोग आपकी बात सुनें
- जागृत रहे, मुस्कुराते रहे
- ऊर्जावान रहे
- आपसे जुड़े रहें तो आपको हास्य का सहारा लेना होगा।

आप कितने भी अच्छे वक्ता क्यों न हों, यदि आपकी बातों में हास्य का समावेश न हो तो थोड़ी देर बाद सुनने वाले ऊब जाते हैं। हास्य से श्रोता वक्ता से जुड़ते हैं। हास्य का अर्थ सिर्फ चुटकुले सुनाना नहीं है। अपनी बातों को अविस्मरणीय बनाने और श्रोताओं को गुदगुदाने के लिए आप बहुत कुछ कर सकते हैं। एक वक्ता ने कहा–

यदि हिन्दुस्तान में टाइटेनिक फिल्म बनती तो कैसी होती

1. टाइटेनिक में क्षमता से दस गुना ज्यादा लोग भरे होते।
2. हीरोइन सफेद पारदर्शी कपड़े पहन कर पानी में भीगते हुए गाना गाती।
3. फिल्म के अंत में बिछुड़े हुए भाई, बहन, मां, बाप मिल जाते।
4. महिलाएं लंबी और भारी साड़ियों के कारण ज्यादा तैर नहीं पाती।
5. वाइन की जगह मैंगो फ्रूटी पेश की जाती।
6. कम से कम सौ बार हीरोइन 'बचाओ बचाओ' चिल्लाती।
7. हीरो, हीरोइन, उनके मां-बाप, भाई-बहन ठंडे पानी में कई दिन तैरने के बाद भी बच जाते परंतु विलेन पानी में गिरते ही मर जाता।

8. फिल्म का नाम होता 'प्यार डूबता नहीं'।

9. लाइफ सेविंग बोट और जैकेट के लिए रिश्वत देनी पड़ती।

विभिन्न ध्वनियों का उपयोग

यदि आप एक स्तरीय प्रस्तुति देने जा रहे हो तो आप विभिन्न रिकार्डेड आवाजों या कृत्रिम आवाज वाले वाद्य यंत्रों का उपयोग करें।

जैसे–वह ट्रेन में जा रहा था (ट्रेन की आवाज) अचानक ऊपर से विमान निकला (विमान की आवाज) और साथ ही तेज बारिश शुरू हो गई (बारिश की आवाज) अचानक दूर एक शेर के दहाड़ने की आवाज आई (शेर की आवाज) और एक गोली चली (बंदूक की आवाज) और फिल्म का इंटरवल हो गया।

यदि आप एक साथी के साथ इन आवाजों की टाइमिंग की सही रिहर्सल करें तो ये ध्वनि बैंक आपको एक बहुआयामी वक्ता की पहचान दे सकता है। ये अनुभवी वक्ता ही प्रयोग करें तो बेहतर होगा।

प्राप

कोई भी ऐसी वस्तु जिसका हम किसी विशिष्ट उद्देश्य के लिए भाषण में उपयोग करते हैं उसे प्राप कहते हैं। यह अच्छे वक्ताओं को और बेहतर बनाता है।

मैं एक जीव संरक्षण और शाकाहार के कार्यक्रम में वक्ता था, हमने तैयारी करके अलग-अलग जानवरों के मुखौटे और वेश बनाए।

व्यक्तियों की जगह माइक पर खुद गाय ने स्वयं को बचाने की बात की, बकरी ने कहा–मेरी बलि मत चढ़ाओ और एक अंडे में से झांककर चूजा बोला–मुझे भी दुनिया देखनी है। सारे जानवर समुदाय में दुख का माहौल बन गया। अंततः सारे जानवर एक हो गए और उन्होंने इंसान को मृत्युदंड दिया।

इसी तरह सभी वक्ता अपने प्राप स्वयं बनाते हैं। रंगबिरंगे कपड़े, उटपटांग टाई और हेयर स्टाइल, घड़ी का उपयोग, आड़ी तिरछी टोपियां आदि भी माध्यम बनते हैं। प्राप आपके संदेश से जुड़ा होना चाहिए।

एक कार्यक्रम में मैंने अपने कोट के पीठ के हिस्से में एक बड़े आकार की ड्राइंगशीट पर लिखा "ताली बजाओ" और उसे अपनी पीठ पर पिन कर दिया। अपने भाषण में जब मुझे लगता कि श्रोता बोर या बोझिल हो रहे हैं तो मैं तुरंत उनकी तरफ पीठ कर देता। "ताली बजाओ" पढ़ते ही हंसी का फुहारा निकलता व तालियां बजती थीं।

हास्यप्रद कहानियां और चुटकुला

इनका सफल उपयोग नए और अनुभवी सभी वक्ताओं को विजेता बनाता है। ज्यादा लंबी कहानी या लंबा चुटकुला उपयोग में न लाएं। चुटकुले का रहस्य खोलने के पहले कुछ क्षणों का विश्राम लेकर विशिष्ट दबाव के साथ पंच लाइन बोलिए। चुटकुले को सही शैली में बोलने के लिए अभ्यास कीजिए क्योंकि चुटकुले के माध्यम से लोगों को हंसाना एक विशिष्ट कला है।

अपनी असफलता या मूर्खता भरा एक संस्करण

जिंदगी में कई बार हम ऐसी हरकतें जाने अनजाने में करते हैं कि जब भी वो क्षण फिर से याद आते हैं, होठों पर मुस्कराहट आ जाती है। श्रोताओं में आपकी सफलता से ज्यादा आपकी असफलताओं से हास्य पैदा होता है।

जीवन में घटी एक सत्य घटना याद करके आज भी मैं खुलकर हंसता हूं। जब मैं कक्षा 9 में पढ़ता था तो एक प्रिय मित्र विनोद जैन के साथ बजाज स्कूटर पर कहीं जा रहा था। मैं स्कूटर चला रहा था और वे मेरे पीछे बैठे थे। अचानक स्कूटर पंक्चर हो गया। हमने तुरंत औजार निकाले और पीछे का टायर खोलना शुरू किया। सारे नट खोलने के बाद भी टायर नहीं निकला तो हमने टायर के नोजल के माध्यम से हवा निकाली और बड़ी मुश्किल से टायर बाहर आया।

तुरंत हमने इस टायर की जगह स्टेपनी लगाई और स्कूटर स्टार्ट किया। स्कूटर आगे बढ़ा ही नहीं, पूरी तरह जाम था। हमने उतरकर देखा और हम दोनों जोर-जोर से हंसने लगे। असल में

आगे का टायर पंचर था, हमने जल्दीबाजी में पीछे का टायर बदल दिया और उसकी हवा भी निकाल दी।

आज भी हमारे दोस्त मजे लेकर उसकी चर्चा करते हैं। ऐसे जीवंत उदाहरणों से आपके श्रोताओं को अपने जीवन के रोचक किस्से याद आने लगेंगे और वे आपके साथी बन जाएंगे।

स्वयं का मजाक उड़ाएं या स्वहास्य करें!

श्रोता अक्सर आपको अपने से श्रेष्ठ मानकर आपसे दूरी रखते हैं। जैसे ही आप खुद पर हास्य करते हैं या खुद को नीचा दिखाते हैं, वे आपको अपने ही जैसा एक सामान्य व्यक्ति मानकर आपसे जुड़ाव महसूस करने लगते हैं व सब मन ही मन आपके साहस की प्रशंसा भी करते हैं। इसके साथ ही आपको सारे श्रोताओं से हास्य की एक अनकही अनुमति प्राप्त हो जाती है।

एक बार मैंने गंभीर होकर कहा कि आप लोग जानना चाहते हैं कि मैं प्रभावी भाषण कला का प्रशिक्षक क्यों बना? असल में मेरा दांतों का अस्पताल चलना बंद हो चुका था। उसके बाद जहां भी नौकरी की, अगले ही दिन निकाल दिया जाता था। सारे लोग मुझसे कहते थे, तुम और कोई काम नहीं कर सकते। तुम सिर्फ बातों के जमाखर्च हो, तुम्हें बातों के सिवा कुछ नहीं आता। मैं इतने लोगों के विनम्र आग्रह को टाल नहीं पाया और बातों का काम चुन लिया। मुझे जानने वाले और नहीं जानने वाले सभी लोग अपने ठहाके रोक नहीं पाए।

स्वयं पर हास्य अद्‌भुत प्रभाव पैदा करता है। मेरा एक प्रिय विषय और कार्यक्रम है “एक दूजे के लिए” (Made for each other)। इसमें हम विवाहित जोड़ों की कोमल भावनाओं को फिर से जीवित करते हैं और उनकी समस्याओं को सुलझाते हैं। यह रोमांस, चर्चा और डांस से सजा एक रोमांचित कार्यक्रम है।

इसके एक प्रशिक्षण सत्र में मैंने कहा कि मेरी पत्नी ने घर पर एक नया स्टाफ रखा है। वह रात-दिन मेरे साथ साये की तरह चिपका रहता है, खाना भी मेरे साथ खाता है।

मेरी पत्नी ने पलंग के ठीक सामने वाली दीवार पर भी उसका फोटो लगा दिया है। (सभी श्रोताओं के चेहरे पर प्रश्नवाचक बेचैनी के भाव थे) मैं अपनी पत्नी से बहुत डरता हूं इसलिए कुछ दिन कुछ नहीं कहा। परंतु फिर हिम्मत जुटाकर उस नए स्टाफ के बारे में पूछा तो जवाब मिला–मैं खुद को यह विश्वास दिलाना चाहती हूं कि तुम इस दुनिया में सबसे खराब दिखने वाले व्यक्ति नहीं हो। इसीलिए इस व्यक्ति को तुम्हारे साथ रखा है।

हालांकि सब जानते थे कि यह काल्पनिक है फिर भी मुस्कुरा उठे। इसके बाद ग्रुप के किसी भी जोड़े को मेरी बात का बुरा नहीं लगा।

हास्य : हास्य : हास्य

आपके और श्रोताओं के बीच का पुल एक ठहाका है। जैसे ही हंसी आनी शुरू होती है, संकोच के बंधन अपने आप हट जाते हैं। स्वयं के साथ घटी घटनाएं और रोचक असफलताएं आपके संबोधन का सर्वश्रेष्ठ हिस्सा बनती हैं। दुनिया का सबसे अच्छा चुटकुला भी उतनी गहरी अनुभूति पैदा नहीं कर सकता।

हास्य पैदा करने के लिए एक गीत, पैरोडी, प्राप, कहानी, एक चुटकुला, कोई समानता, स्थान, विज्ञापन, फोटो आदि का इस्तेमाल करें परंतु उसका पूर्वाभ्यास (Rehearsal) आवश्यक है। अपने परिवारजनों और मित्रों को सुनाकर देखिए, वे हंसते हैं या नहीं।

*****

यदि आप कोई गंभीर संदेश देना चाहते हैं या कोई अपील करने जा रहे हैं तो हंसी की ट्रेन को कुछ क्षण पहले रोक दीजिए नहीं तो श्रोता आपका संदेश भी हंसी में उड़ा देंगे। हास्य का अति इस्तेमाल न करें नहीं तो आपकी छवि एक जोकर-सी बन जाएगी।

हास्य आवश्यक है क्योंकि

- श्रोताओं की रुचि बढ़ती है और बोझिलता हटती है।
- आप पसंद किए जाते हैं और सकारात्मक प्रभाव होता है।

- आपके तथ्यों को आधार मिलता है।
- आक्रामक श्रोता शांत होकर आपकी बात सुनते हैं।
- तथ्य ज्यादा लंबे समय तक मस्तिष्क में रहते हैं।
- आपको अगली बार वक्ता के रूप में फिर से बुलाया जाता है।

हास्य चेतावनी

- जातिगत या व्यक्तिगत मजाक न करें।
- धार्मिक व्यंग्यों से बचें।
- किसी कंपनी या उत्पाद विशेष का मजाक सोच समझकर उड़ायें।
- संवैधानिक हास्य न करें।
- शारीरिक अक्षमताओं पर व्यंग्य न करें।
- बिना किसी को चोट पहुंचाये हास्य पैदा करें।

●●●

वक्ता और विराम

यदि आपने विराम कला सीख ली होती तो समझो आपने आधी जंग जीत ली

मैं यहां भाषण को विराम देकर मंच छोड़ने की बात नहीं कर रहा हूं बल्कि भाषण के बीच के अर्धविराम (Comma) और पूर्णविराम (Full stop) की बात कर रहा हूं।

यदि हमें भाषण को सुनने योग्य और प्रभावी रूप देना है तो इन विरामों का सही उपयोग आवश्यक है। कई वक्ता तेजी से (एक्सप्रेस ट्रेन की तरह) बिना रुके अपनी बात पूरी कर देते हैं। सुनने वालों को समझ ही नहीं आता कि कब एक लाइन खत्म हुई और दूसरी शुरू हुई। खूबसूरत शायरी और कविता भी बिना विराम बेजान हो जाती है। ये विराम एक रहस्यमय उत्सुकता जगाते हैं कि आगे आप क्या कहने जा रहे हैं। ये विराम श्रोताओं को आपकी बात सुनने को बाध्य करते हैं। विराम को श्रोता नियंत्रण का विशिष्ट हथियार माना जाता है।

विराम के प्रकार

विराम (Pause) तीन प्रकार का होता है–

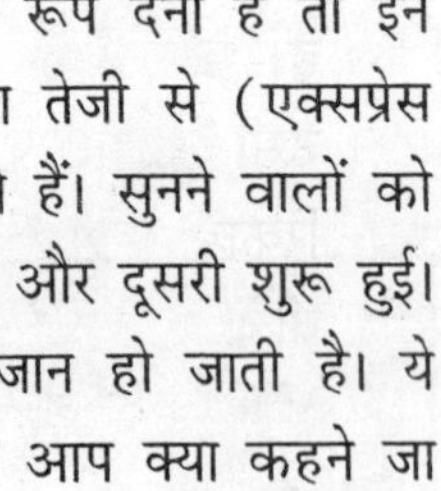

- **लघु विराम** (Small Pause): यह 1 से 5 सेकंड का होता है और भाषण में कई बार उपयोग किया जाता है।
- **मध्यम विराम** (Mid Pause): यह 5 से 10 सेकंड का होता है। किसी बात को विशिष्ट प्रभाव देने हेतु या किसी

रहस्य को खोलने हेतु यह विराम लिया जाता है। इस विराम के सही उपयोग से आप अत्यंत प्रभावी बन सकते हैं और श्रोताओं से अपनी बात पर तालियां बजवा सकते हैं।

- **दीर्घ विराम** (Long Pause): यह 10 सेकंड से 20 सेकंड का होता है। इसमें अनुभव और अभ्यास की आश्यकता होती है। यदि आप चतुर नहीं हैं तो इस समय में श्रोताओं पर आपका नियंत्रण चला जाएगा। यह गहन चिन्तन, गहरी संवेदनाओं और गंभीर सवालों के साथ उपयोग किया जाता है। योजनाबद्ध विराम आपकी भाषण शैली को विशिष्ट बनाते हैं, आपके गंभीर होने का बोध कराते हैं। ***हास्य में भी विराम का विशिष्ट महत्त्व है। यदि आप अपनी चुटकुले की 'पंच लाइन' के पहले और बाद कुछ क्षण के लिए नहीं रुके तो आपके चुटकुले का अंतिम संस्कार हुआ समझो।*** विराम और आवाज का उतार-चढ़ाव एक सामान्य और सफल वक्ता के बीच फर्क पैदा करते हैं। विराम की सबसे बड़ी खासियत है कि इस कला को आप रिहर्सल करके बहुत जल्दी सीख सकते हैं। भाषण अपनी सामान्य शैली में रिकार्ड कीजिए और फिर पुनः उसी भाषण को रिहर्सल करके विराम और उतार-चढ़ाव के साथ रिकार्ड कीजिए। आप तुरंत सफल वक्ता और असफल वक्ता के बीच का फर्क महसूस कर सकेंगे।

अर्धविराम और पूर्ण विराम की रिहर्सल इस उदाहरण से करें और फर्क महसूस करें।

आधी रात हो चुकी थी। मैं घर जा रहा था। अजीब-सा सन्नाटा था ऐसा लग रहा था जैसे कुछ होने वाला हो। अचानक ही वो बरस पड़ी मुझ पर, ऐसा आघात करने लगी कि मैं कांप गया। ऐसा लगा कि सब कुछ खत्म हो जाएगा। मैं बचने के लिए इधर-उधर भागने लगा लेकिन जाता भी कहां। उफ वो काली रात, वो घनघोर बारिश शायद मेरी जान लेने आई थी।

* * * * *

इसी अंतरे/पैराग्राफ को विरामों के साथ पढ़ें। विराम के लिए हमने 1, 2, 3 का इस्तेमाल किया है। (1) का अर्थ है सिर्फ एक क्षण ठहरना। (1, 2) का अर्थ है दो क्षण ठहरना। आइए फर्क देखें–

आधी रात हो चुकी थी (1) मैं घर जा रहा था (1, 2) अजीब-सा सन्नाटा था ऐसा लग रहा था जैसे कुछ होने वाला हो, (1, 2) अचानक ही वो बरस पड़ी मुझ पर (1) ऐसे आघात करने लगी कि मैं कांप गया (1) ऐसा लगा कि सब कुछ खत्म हो जाएगा (1) मैं बचने के लिए इधर-उधर भागने लगा (1) लेकिन जाता भी तो कहां (1, 2, 3) उफ वह काली रात (1) वह घनघोर बारिश (1) शायद मेरी जान लेने आई थी।

* * * * *

इनका अच्छे से अभ्यास करें, धीरे-धीरे ये आपकी आदत बन जाएंगे। आपका हर वक्तव्य एक विशेष प्रभाव और प्रवाह लिए होगा।

- Pause : रुकिए ताकि आप अगला तथ्य सोच सकें।
- Pause : रुकिए ताकि श्रोता सोचे कि आप क्या कहेंगे।
- Pause : रुकिए ताकि श्रोता आपकी कही बात याद कर सकें।
- Pause : रुकिए ताकि विचलित हुए श्रोता आपसे जुड़ सकें।
- Pause : रुकिए ताकि आप देख सकें कि श्रोता बोर तो नहीं हो रहे हैं।

अभ्यास योजना

अच्छी पुस्तकों से कुछ अंश/ पैराग्राफ चुनिए। किसी में क्रोध हो, किसी में प्रेम हो या कोई शायरी हो। आप उनमें प्रत्येक अर्धविराम और पूर्ण विराम पर विश्राम लीजिए। महत्त्वपूर्ण शब्दों पर और लाइनों पर विराम लेते हुए अतिरिक्त दबाव बनाइए। प्रतिदिन एक पैराग्राफ की विराम के साथ रिहर्सल कीजिए और 15 दिनों में फर्क देखिए। कुछ समय बाद आप अपने पसंद के शब्दों पर बिना अतिरिक्त ध्यान दिए विराम ले पाएंगे और अपने भाषणों को विशिष्ट रूप दे सकेंगे।

अपने शब्द ज्ञान से दिलों को छू लीजिए

हर किसी की अपनी एक शैली होती है। कोई सीधे शब्दों में सपाट भाषण देता है तो कोई अपने शब्दों से आंखों के सामने दृश्य खींच देता है। खूबसूरत, मधुर और साहित्यिक शब्द संदेश को नवजीवन देते हैं और आपको आम वक्ताओं की भीड़ से अलग करते हैं। गूढ़ तकनीकी भाषणों को छोड़ दें तो काव्यात्मक शैली अपने आप में विशिष्ट स्थान रखती है। इसके लिए भाषा और शब्द ज्ञान अच्छा होना जरूरी है।

सामान्य शैली

भारत में सभी चीजों का निर्माण होता है। पहाड़, नदी, बर्फ, ऐतिहासिक शिल्प सब कुछ हमारे देश में है फिर भी आम भारतवासी गरीब है।

काव्यात्मक शैली

> **सुई से लेकर उपग्रह तक, कुतुबमीनार से लेकर ताजमहल तक ऐसी कोई वस्तु नहीं जिसका भारतवासियों ने निर्माण न किया हो। विशाल देश को जोड़ती सड़कें, कोने-कोने को चूमती रेलें, हिमालय के अद्‌भुत पर्वत, देश को नमन करते विशाल सागर हमें दुनिया के सबसे सुंदरतम देशों की श्रेणी में लाते हैं। फिर भी आम भारतवासी समस्त सुविधाओं से वंचित हैं।**

याद रखिए

- ❑ खूबसूरत शब्द अमर हो जाते हैं। चित्रात्मक वर्णन आपकी श्रेष्ठता का प्रमाण होता है।
- ❑ इस शैली के सटीक उपयोग के लिए आवाज के उतार-चढ़ाव और विराम का उपयोग आना चाहिए।

- इस शैली में समय का विशेष ध्यान रखें, ज्यादा लंबा चित्रण न करें।
- विषय विशेषज्ञों की मीटिंग या तकनीकी सेमिनार में काव्यात्मक शैली का उपयोग कम करें तो बेहतर है।

शब्द ज्ञान बढ़ाइए

जितने ज्यादा शब्दों का आपको ज्ञान होगा उतना ही बेहतर प्रेजेंटेशन आप दे सकेंगे। लेक्चर, मीटिंग से बातचीत तक हर जगह आपको विशिष्ट शब्दों का उपयोग करना चाहिए।

आज भी जब मैं अपने कंप्यूटर पर माइक्रोसाफ्ट वर्ड में काम करता हूं तो अधिकांश शब्दों के पर्यायवाची शब्द (Synonyms) ढूंढ़ता हूं। एक ही बार में मुझे कई शब्द मिल जाते हैं जो मेरे विचारों को और आकर्षक और प्रभावशाली बनाते हैं।

इंटरनेट, डिक्शनरी और वोकल सीडी हमारे भाषा ज्ञान को बढ़ा सकते हैं। हमेशा उद्देश्य के अनुसार शब्दों का चयन कीजिए। तकनीकी मीटिंग में काव्यात्मक शब्द और काव्य गोष्ठी में तकनीकी शब्द उपयुक्त नहीं रहेंगे। जितने ज्यादा शब्दों का आपको ज्ञान होगा, उतनी ही आपकी भाषा समृद्ध होगी।

अभ्यास योजना

किसी भी मूड की एक लाइन जिसमें 15-20 शब्द हों, उसे एक पेपर पर लिख लीजिए, अब उसी वाक्य को उसी अर्थ के साथ दूसरे शब्दों के माध्यम से लिखिए। एक ही लाइन अलग-अलग प्रकार से लिखिए लेकिन उनके अर्थ समान होने चाहिए।

ठीक इसी तरह सामान्य प्रयोग में आने वाले कुछ शब्दों के पर्यायवाची शब्द (Synonyms) लिखिए। यदि आपको न आते हों तो शब्दकोश की मदद लीजिए। जितनी बार आप शब्दकोश खोलेंगे, उतनी ही बार आपको अलग और नए शब्दों का ज्ञान होगा। नियमित रूप से कुछ लाइनों और शब्दों का अभ्यास करने के बाद आप. अपने आप महसूस करेंगे कि आप एक ही वाक्य को अलग-अलग तरीकों से कह सकते हैं।

शब्दों में जान डालिए दबाव से

यदि आप चाहते हैं कि लोग आपकी बातों को तन्मयता के साथ सुनें तो आपको यह कला सीखनी होगी। प्रस्तुति में हमेशा कुछ महत्त्वपूर्ण शब्द होते हैं जो प्रस्तुति की जान होते हैं। यदि आप बिल्कुल एक सुर और स्वर में बोलते चले जाएंगे तो वह प्रस्तुति बेहद उबाऊ हो जाएगी। श्रोताओं का ध्यान खींचने के दो तरीके हैं–

1. **दबाव बढ़ाना**
   सामान्य बात कहते हुए अचानक ही किसी शब्द को अतिरिक्त दबाव के साथ बोलना।
2. **दबाव हटाना**
   सामान्य बात कहते हुए अचानक ही दबाव एकदम कम कर देना अर्थात् धीरे से कहना।
   दोनों ही परिस्थितियों में श्रोता गंभीरता से आपकी बात सुनते हैं। आप किसी भी क्षेत्र के बेहतरीन वक्ताओं को देखिए, वह यही तकनीक इस्तेमाल करते हैं।

विशिष्ट प्रभाव के लिए 3-P तकनीक का प्रयोग कीजिए–

1. **P : PAUSE BEFORE PRESSURE**
   विशेष शब्द पर दबाव के पहले थोड़ा-सा विराम या ठहराव लीजिए।
2. **P : PRESS**
   उस शब्द या लाइन पर सहज दबाव बनाइए।
3. **P : PUSH YOUR IDEA**
   हाव-भाव की मदद से अपने विचार या अपील को दबाव के साथ श्रोताओं को दीजिए। उन्हें ग्रहण करने को प्रेरित कीजिए।

यह कला आप अभ्यास से सरलता से सीख सकते हैं। आइए एक प्रयोग करें। नीचे दिए गए वाक्य में अलग-अलग अंडरलाइन किए गए शब्दों पर दबाव डालिए। आप जैसे ही दबाव वाला शब्द बदलते हैं, वैसे ही अर्थ और प्रभाव बदल जाता है। यह एक विशिष्ट उदाहरण है जिसमें विराम, दबाव और शैली से मायने बदल जाते हैं।

इसमें एक साथ आप विराम और दबाव का अभ्यास कर सकते हैं।

देर हो गई, जा, मत रुक, उजाला होगा नहीं, अंधेरा होगा

देर हो गई, जा मत, रुक, उजाला होगा, नहीं अंधेरा होगा

देर हो गई, जा, मत रुक, उजाला होगा, नहीं, अंधेरा होगा

देर हो गई, जा, मत रुक, उजाला होगा, नहीं अंधेरा होगा

ये अद्‌भुत संरचना वाला वाक्य है। हर लाइन में अर्थ भी बदलता है और प्रभाव भी।

इसी तरह के अन्य वाक्य भी अभ्यास हेतु प्रयोग में लाए जा सकते हैं—

मैं इस पुस्तक की मदद से प्रभावी वक्ता जरूर बनूंगा

मैं इस पुस्तक की मदद से प्रभावी वक्ता जरूर बनूंगा

मैं इस पुस्तक की मदद से प्रभावी वक्ता जरूर बनूंगा

मैं इस पुस्तक की मदद से प्रभावी वक्ता जरूर बनूंगा

मैं इस पुस्तक की मदद से प्रभावी वक्ता जरूर बनूंगा

यह प्रयोग सफलतापूर्वक करने के लिए अलग-अलग लाइनें चुनिए और दबाव वाले शब्द बदलते जाइए। धीरे-धीरे यह आपकी आदत में शामिल हो जाएगा और आपके भाषणों में वह अतिरिक्त प्रभाव आ जायेगा।

●●●

क्या आपमें कोई विशेष गुण या खूबी है?

हर व्यक्ति में कुछ खास बात होती है। कोई अच्छा गाता है, कोई अच्छा नृत्य करता है, कोई वाद्य यंत्र या माउथ ऑर्गन बजाता है तो कोई ऐसी मिमिक्री करता है कि सुनने वाले हंस कर लोटपोट हो जाएं।

अपनी क्षमताओं को पहचानें और अपनी एक विशिष्ट पहचान बनाने के लिए उनका उपयोग करें। यदि आप एक अच्छी शायरी या कविता लिख सकते हैं तो अपने संबोधनों में उसे मौलिक बताते हुए उपयोग कीजिए।

यदि आप अच्छे चित्रकार हैं तो अपने भाषण से जुड़ा एक चित्र फ्लिपचार्ट के रूप में स्टेज पर लगा दीजिए या श्रोताओं को दिखाइए।

यदि आप अच्छा गाते हैं तो अपने भाषण में दो लाइन गाने की आपको पूरी आजादी है। यदि आप अभिनय करते हैं और कोई विशिष्ट मंच आपको मिल जाए तो आप अपने भाषण में अभिनय के माध्यम से किसी एक पात्र को जिंदा कर दीजिए।

आप हर वक्ता से उनकी शैली के अच्छे तत्त्व ग्रहण कीजिए परंतु किसी की नकल मत कीजिए। अपनी बातों में मौलिकता जरूर रखिए। इस मौलिकता को प्रभावी और धारदार बनाने में आपकी सामान्य खूबी अहम रोल अदा करेगी।

अमेरिका में हुबर नामक एक प्रभावी वक्ता प्रभावी बोलने का व्यावसायिक प्रशिक्षण दिया करता था। वक्ता होने के साथ-साथ उसके शरीर में एक जिमनास्ट की तरह गजब का लोच था। हर कार्यक्रम में उसका प्रथम परिचय (Entry) देखने के लिए लोगों की भीड़ लग जाती थी।

एक बार वह सिर और हाथों के बल चल कर स्टेज पर पहुंचा। पूर्व तैयारी से माइक एकदम जमीन पर रखा हुआ था। उसने सिर के बल कुछ मिनट भाषण दिया और फिर सामान्य रूप से खड़ा हो गया।

श्रोता आजीवन उस प्रदर्शन को भूल नहीं पाए और अगले ही दिन वह समस्त अखबारों की सुर्खियों में आ चुका था। उसके हर कार्यक्रम में ऐसी कोई ना कोई विशिष्टता जरूर होती थी जिससे दर्शक की उत्तेजना और उत्साह अपने चरम पर पहुंच जाता था।

ऐसी ही कोई भी कला आपके अंदर हो तो उसका भाषणों में अवश्य उपयोग कीजिए। यही कला आपको सामान्य वक्ताओं की भीड़ से हटाकर विशिष्ट बनाएगी।

मैं अपने अधिकांश कार्यक्रम अपनी ही प्रार्थना के माध्यम से शुरू करता हूं। इसे एक सुंदर गीत के रूप में गाता हूं और श्रोता आँखें बंद करके तल्लीन होकर उसे मेरे साथ दोहराते हैं। अपने कार्यक्रम के अनुसार छंद और शायरियां खुद बनाता हूं। ये शायरी सीधा मूल मुद्दे से जुड़ी होती हैं, अतः इनके सम्मान में तालियां निश्चित होती है।

आप भी अपनी क्षमता पहचानिए और एक हथियार की तरह अपने भाषण में उपयोग कीजिए। सदैव इस बात का ध्यान रखें कि जबरदस्ती आप भाषण में कला के लिए जगह न बनाएं। यदि सचमुच आवश्यकता है तो कार्यक्रम की गरिमा और उपलब्ध समय का उपयोग करते हुए कला का प्रदर्शन कीजिए।

•••

वक्ता के अधिकार

- मेरे पास अपनी अभिव्यक्ति का अधिकार है।
- मेरे पास स्वयं के दृष्टिकोण का अधिकार है।
- मेरे पास मुझे सुनने के लिए दूसरों से पूछने का अधिकार है।
- मेरे पास कोशिश करने का अधिकार है।
- मेरे पास गलती करने का अधिकार है।
- मेरे पास पुनः प्रयत्न करने का अधिकार है।
- मेरे पास प्रारंभ में चिंता करने और असुविधाजनक महसूस करने का अधिकार है।
- मेरे पास सभी बातें नहीं जानने का अधिकार है।
- मेरे पास समूह के सामने खड़े होने का अधिकार है।
- मेरे पास अपने भाषण के समय का अधिकार है।
- अन्य लोगों के पास उनके दृष्टिकोण का अधिकार है।
- दूसरों को मुझ से असहमत होने का अधिकार है।

आवाज के जादू से जीतें दिलों को

मैंने ऐसा गधा कभी नहीं देखा है जो मानव की भांति बातें करता हो, परन्तु ऐसे अनेक मनुष्यों से मेरी भेंट हुई है जो गधों की तरह बातें करते हैं।

— हेनरिक हैनी

आवाज में उतार-चढ़ाव लाकर आप सामान्य बोलने वालों से विशिष्ट वक्ताओं की श्रेणी में आ सकते हैं। जिन लाइनों को आप श्रोताओं तक पहुंचाना चाहते हैं वहां अतिरिक्त दबाव और आवाज का परिवर्तन आपकी मदद करते हैं।

धीमी शुरुआत

अपवादों को छोड़कर एक धीमी और संतुलित आवाज में शुरुआत श्रेष्ठ मानी जाती है। यदि आप शुरुआत ही बहुत तेज या उच्च स्तर पर जाकर करते हैं तो फिर विशेष लाइनों पर अतिरिक्त दबाव पैदा नहीं कर पाएंगे।

सहज शुरुआत और एक आश्वस्त करने वाली आवाज श्रोताओं की हिचक और अस्वीकार्यता को हटाती है।

अपील बुलंदी पर

यदि आप कोई अपील कर रहे हैं या श्रोताओं से कोई वादा लेना चाहते

हैं तो संपूर्ण आत्मविश्वास के साथ अपनी आवाज में चढ़ाव लाइए और बुलंदी पर अपील कीजिए। ये अपील सुनने वालों को हिलाकर रख देगी। मार्मिक क्षणों को छोड़कर धीमी आवाज में अपीलें बेअसर होती हैं। एक सटीक और दमदार अपील क्रांति का सैलाब ला सकती है, इस बात का इतिहास गवाह है।

भावनाएं गहराई में

एक भावनात्मक वाक्य जब मन की गहराइयों से कहा जाता है तो सुनने वाले झंकृत हो उठते हैं। धीमी आवाज में कोमल भावनाएं अद्‌भुत प्रभाव डालती हैं। हिन्दुस्तान भावना प्रधान देश है इसलिए भावनात्मक बातें बिल्कुल स्वाभाविक शैली में दिल से बोलिए। आवाज धीमी कीजिए। अपनी आवाज के दर्द से आप सुनने वालों की आंखें गीली कर सकते हैं, मन को झंझोड़ सकते हैं।

शब्दों पर दबाव लाएं

आपके भाषण के महत्त्वपूर्ण हिस्सों को विशिष्टता दीजिए। जिन शब्दों और वाक्यों को आप श्रोताओं तक पहुंचाना चाहते हैं वहां अतिरिक्त दबाव लाइए। उतार-चढ़ाव और विरामों के सही उपयोग से आप एक सफल वक्ता बनेंगे।

आवाज और ऊर्जा

कुछ आवाजें सुनने से ही सुस्त और निरुत्साहित लगती है। ऐसा लगता है जैसे कुछ लोग जीवन को बोझ मानकर जीते हैं और जिंदगी अब उनमें कोई रोमांच पैदा नहीं करती। समूह में ऐसे लोग अपनी उपस्थिति तक महसूस नहीं करा पाते।

वहीं कुछ ऐसे लोगों को मैं जानता हूं जिनकी उपस्थिति नई ऊर्जा और नवजीवन का संचार करती है। इलेक्ट्रिक करंट की तरह ये सारे आसपास के लोगों को अपनी गिरफ्त में ले लेते हैं। इनके आते ही जोश अपने आप चरम पर आ जाता है।

अपने उत्साह और अपनी ऊर्जा को आकाश पर ले जाकर अपनी बात कहिए। आपकी गर्मजोशी और आपका विश्वास आपके शब्दों के माध्यम से सुनने वालों के दिलो दिमाग पर असर करेगा और उन्हें आप पर यकीन हो जाएगा। जब तक हम खुद किसी बात पर आश्वस्त नहीं होंगे तो दूसरों को कैसे सहमत करेंगे। हमेशा अपने अंतर्मन से बात कहें, पूरे दबाव से कहें और भावनाओं के वेग के साथ कहें, देखिए आपकी आवाज कैसा जादू करती है।

आवाज में मिठास

यदि आवाज चुभने वाली है कड़क है तो आवाज में एक कृत्रिम मिठास और सौम्यता लाइए। यदि किसी से अपनत्व दिखाना हो तो आवाज में अपनेपन का अहसास होना चाहिए। धीरे-धीरे अभ्यास से आवाज में विभिन्न गुण पैदा हो जाते हैं। आवाज में मिठास लाने के लिए अतिरिक्त प्रयास कीजिए, एक खास स्केल पर आवाज में हमेशा सुरीलापन होता है, उस स्केल पर बोलिए।

●●●

क्या आप लंबे-लंबे पन्ने लेकर मंच पर जाते हैं?

चाहे हमने अपने संबोधन की कितनी ही तैयारी की हो, मन में भय सदैव बना रहता है, भूल जाने का। इसलिए लंबे पन्ने लेकर नए वक्ता मंच पर नजर आते हैं। इसके कई नुकसान हैं–

1. पन्ने पलटने की आवाज माइक के माध्यम से दर्शकों तक पहुंचती है और वे समझते हैं आप लिखा लिखाया पढ़ रहे हैं।
2. आपका पूरा ध्यान पढ़ने पर चला जाता है और भाषण प्रभावी नहीं हो पाता।
3. आपका श्रोताओं से कोई नेत्र संपर्क नहीं होता।
4. आपके हाथों की भाषा भी शून्य हो जाती है।

अत: यह सरल तकनीक अपनाइए।

हथेली कार्ड (पाम कार्ड)

- मोटे कागज या कार्डशीट के छोटे साइज के कार्ड बनाइए जो हथेली के बीच फिट हो सके। ये लगभग 3×5 इंच साइज के होते हैं। जितने भी कार्ड आपको एक भाषण के लिए बनाने हों, उन पर क्रम से नंबरिंग कर दीजिए। अपने भाषण को कुछ मुख्य बिन्दुओं में समेट लीजिए।
- जिस क्रम से आप उन बिन्दुओं पर बोलना चाहते हैं, उसी क्रम से कार्ड पर लिख लीजिए।
- मोटे अक्षरों में साफ-साफ लिखिए ताकि आपको 1-2 फीट की दूरी से भी नजर आ सके। हलके रंग के कार्ड पर गाढ़े स्केच पेन या पेन से लिखें। मंच पर या पोडियम पर पहुंचकर यह कार्ड

निकालकर धीरे-से रख दीजिए और आवश्यकता पड़ने पर इस्तेमाल कर लीजिए। ये कार्ड बिल्कुल रामायण के श्री हनुमान जी जैसे संकटमोचक सिद्ध होते हैं।

भाषण के छोटे हिस्से कीजिए-(मेमोरी बिट्स)

- संपूर्ण भाषण याद करने की बजाय भाषण की पूरी संरचना और तथ्यों से परिचित हो जाइए। उसके बाद पूरे भाषण को सिर्फ तीन या चार हिस्सों में बांट दीजिए। इन तीन या चार प्रमुख शीर्षकों को याद रखिए, आपको पूरा भाषण याद आ जाएगा। भाषण में चर्चा के बहुत ज्यादा बिन्दु न रखें, सिर्फ दो या तीन सारगर्भित और जबरदस्त तथ्यों के आसपास पूरा भाषण खत्म करें।
- अपने शुरुआती भाषणों में जब आप कार्ड बनाने जाएंगे तो वे संख्या में ज्यादा बनेंगे। जैसे-जैसे आप इस कला में पारंगत होते जाएंगे आपके कार्ड की संख्या कम हो जाएगी।
- भाषण को की-वर्ड्स (संदर्भ-शब्दों) के माध्यम से याद कीजिए।
- मैं अपने प्रारंभिक भाषणों में कार्ड बनाने के नाम पर लगभग सब कुछ ही लिख देता था और कार्ड का मोटा गुच्छा हो जाता था परंतु आज सिर्फ एक कार्ड का सहारा लेकर पूरे घंटे भर भाषण दे सकता हूं।
- आप भी पन्नों की खर-खर से बचिए और देखिए इस साधारण तकनीक के असाधारण परिणाम।

●●●

अपने दिल की आवाज सुनिए

नेताओं के भाषण यदा-कदा ही दिल को छूते हैं क्योंकि उनमें विश्वसनीयता और सत्य का अभाव होता है, दूसरी ओर प्रेरक गुरुओं और संतों के चंद शब्द जीवन बदलने की क्षमता रखते हैं क्योंकि वे सीधे दिल से निकलते हैं और दिल में उतर जाते हैं।

— लेखक

आप माने या न माने ईश्वर ने इंसानों के बीच एक अजीब-सी केमिस्ट्री दी है।

कुछ लोग पहली नजर में ही अच्छे और अपने लगते हैं वहीं कुछ लोगों से मिलते ही भय महसूस होता है। इसके पीछे कोई तर्क नहीं होता इसलिए हम इसे दिल की आवाज कहते हैं।

हम किसी भी मुद्दे या समस्या पर अपनी बात रखें, यदि हमारे मन में उसके प्रति चिंता नहीं है तो हम सुनने वालों पर प्रभाव नहीं डाल पाते। यदि हम स्वयं गंभीर और चिंतित होते हैं तो दूसरा व्यक्ति स्वतः ही उसे महसूस करता है।

अपने संस्कारों और मान्यताओं पर आधारित बातें कहिए। ऐसी बातें कहिए जिनमें आपके मन और बुद्धि में कोई मतभेद न हो। आपको आपके अंतर्मन का आशीर्वाद हो। जिन्हें कह कर आपके दिल पर कोई बोझ न हो।

अक्सर आप देखेंगे कि जो भी भाषण, प्रस्तुति या कला प्रदर्शन आप पूरे मनोयोग से करते हैं, उसके परिणाम बेहतर मिलते हैं।

आर्थर जिस फैक्ट्री में काम करता था, वह एक आलसी व्यक्ति के रूप में जाना जाता था। उसमें रोज कोई न कोई सामान चुरा लाने की प्रवृत्ति भी थी। घर में ढेर सारे औजार जमा हो गए थे।

एक दिन उसने एक प्रेरक की बातें सुनीं। उसे बड़ी आत्मग्लानि हुई। उसने खुद को बदलकर एक नया जीवन जीने की ठानी। उसने सारे औजार इकट्ठा किए और उन्हें एक बक्से में बंद करके एक सूची बनाई। कुछ सामान जो उससे गुम हो गए थे, उतना रुपया उस बक्से में डाला और चुपचाप उसे मालिक के यहां छोड़ आया और ग्लानिवश नौकरी भी छोड़ दी। लेकिन उसका मन हलका हो चुका था।

कुछ दिनों के बाद एक सुनहरी सुबह को अचानक ही घर की घंटी बजी। दरवाजा खोलकर देखा तो सामने कंपनी का मालिक था। उसे लगा कि अब उसे जेल जाना होगा। उसने नजरें झुका लीं।

मालिक ने कहा कि बहुत मुश्किल से ढूंढ़ पाया बक्सा छोड़ने वाले को। मेरे साथ चलो। वह घबरा गया, उसने पूछा-कहां। मालिक ने कहा कि मुझे पहले वाले आर्थर की जरूरत नहीं थी, इस आर्थर की जरूरत है। हम तुम्हारा प्रमोशन कर रहे हैं। हमें सच्चे साथियों की आवश्यकता है।

आर्थर की आंखें भीगी हुई थीं क्योंकि जीवन में पहली बार उसने दिल की सुनी थी और एक नेक काम किया था। ऐसा भी परिणाम हो सकता है, उसने सभी सोचा भी नहीं था।

आप भी सच्चाई का, इंसानियत का और चरित्र का साथ देंगे तो जीत आपकी होगी।

भारत के सुपरस्टार अमिताभ बच्चन सिगरेट और शराब के विज्ञापन में काम नहीं करते। उनका मानना है कि देश भर में मेरा कोई भी फैन मुझसे प्रेरित होकर सिगरेट या शराब की लत में जकड़ जाता है तो उसकी जिम्मेदारी अप्रत्यक्ष रूप से मेरी होगी। मैं अपने देशवासियों को व्यसनों की ओर नहीं ले जा सकता। मेरा दिल गवाही नहीं देता।

ईमानदारी और सच्चाई महसूस की जाती है, बेईमानी आप लाख

छुपा लें, देर सबेर बाहर आ जाएगी। यदि जीवन की दौड़ में सफलता और लोकप्रियता लंबे समय तक बरकरार रखनी है तो आपको अपनी विश्वसनीयता, विश्वास और सच्चाई स्थापित करनी होगी।

एक शिष्य ने गुरु से कहा कि आप कहते हैं दिल से बात करोगे और सच बोलोगे तो प्रभाव पड़ेगा। सामने वाले को क्या पता चलेगा कि कोई दिल से बोल रहा है या सिर्फ मुंह से। जब सच दिखता ही नहीं तो प्रभाव कैसे पड़ेगा।

गुरु ने पानी और एक नमक का ढेला मंगाया। शिष्य ने कहा कि नमक को पानी में उड़ेल दो। कुछ देर बाद गुरु ने शिष्य से कहा कि ऊपर का पानी चखो और स्वाद बताओ, शिष्य ने कहा–खारा! गुरु ने कहा- अब नीचे का पानी चखो, शिष्य ने कहा यह भी खारा है।

गुरु ने कहा कि अब इसमें से नमक ढूंढ़ कर निकालो। शिष्य ने कहा- ये तो असंभव है।

गुरु ने कहा–जिस तरह पानी नमकीन होता है परंतु नमक नहीं दिखता, उसी तरह आपका सच, आपका विश्वास, आपकी गंभीरता, आपकी चिंता आपकी आवाज में घुलकर सीधे सुनने वाले के दिलोदिमाग पर असर करती है। सत्य दिखता नहीं, महसूस होता है।

मैं एक सत्य घटना आपको बताता हूं। वर्ष 2003 में मुझे एक शराब निर्माता कंपनी द्वारा प्रायोजित कार्यक्रम में एंकरिंग हेतु आमंत्रण मिला। मैंने उनसे पूछा कि आप मुझसे क्या अपेक्षा रखते हैं। उन्होंने कहा कि बाकि रूपरेखा मैं अपने अनुसार बनाऊं लेकिन बीच-बीच में अप्रत्यक्ष रूप से उनकी शराब के प्रचलित ब्रांड का नाम लेता रहूं। मेरी भूमिका हेतु मुझे तगड़ी रकम ऑफर की गई।

हालांकि मेरे संस्कार कहते थे कि मुझे तुरंत मना कर देना चाहिए परंतु फिर भी उस पारिश्रमिक ने मुझे कुछ देर के लिए विचलित कर दिया। घर पहुंचकर मैं अपने पुत्र अभिज्ञान से मिला, अपनी अस्वस्थ मां से मिला, अपने स्वर्गीय दादाजी की शिक्षा के बारे में सोचा और तुरंत ही निर्णय मेरे सामने था। मेरे मित्रों का मुझ पर दबाव था कि ऐसा

शानदार अवसर नहीं छोड़ना चाहिए परंतु अगले ही दिन मैंने फोन करके विनम्रता से इंकार कर दिया। आज भी जब पलटकर सोचता हूं तो सुकून मिलता है कि मैंने मेरी अन्तरात्मा की बात सुनी।

आज के युग में यह तो संभव नहीं कि आप हर बार सिर्फ सच बोलें परंतु यह तो हो सकता है कि झूठ बहुत अधिक आवश्यकता पड़ने पर ही बोला जाए। वक्ता की विश्वसनीयता बहुत महत्त्वपूर्ण होती है। वह बातों और कार्यों से बनती है। हमें अपनी विश्वसनीयता का विशेष ध्यान रखना होगा।

●●●

विश्वसनीयता जब तक आपके घर पर रुकती है उसके साथ कुबेर रुकते हैं परंतु वह बड़ी अहंकारी है। बड़ी मुश्किल से आने को राजी होती है और थोड़ी-सी ठेस पर छोड़ जाती है और ले जाती है कुबेर को साथ।

– लेखक

आप, हम और मैं

लोकव्यवहार का सबसे महत्त्वपूर्ण सिद्धांत है कि भाषण और बातचीत से लोकप्रिय होना हो तो सबसे ज्यादा 'आप' शब्द का, उसके बाद 'हम' शब्द का और सबसे कम 'मैं' शब्द का उपयोग करना चाहिए।

— लेखक

समूह का सबसे आवश्यक नियम है **जितना श्रेय बांटोगे उतना लौट कर आएगा।** आपकी बातों से और व्यवहार से लोगों को यह कभी नहीं लगना चाहिए कि आपको खुद पर अभिमान और अहंकार है।

उन्हें यह तसल्ली चाहिए कि वक्ता भी एक दिन उनके ही जैसा था और धीरे-धीरे दूसरे लोगों की मदद से वह सफल हुआ।

सफलता का यही मूलमंत्र है। किसी भी भाषण में जब तक दूसरों की प्रशंसा और अपने समूह की सामूहिक प्रशंसा नहीं करते तब तक स्वयं का गुणगान मत कीजिए।

***उदाहरण** : आज 6 फरवरी 2005 को भिलाई में दुनिया में सबसे ज्यादा घंटों तक समूह द्वारा गायन का विश्व रिकार्ड बनाया गया और हमें गर्व है हमारे समूह ने यह सफल दावा पेश किया है।*

यह सफलता हम सबको 23 गायकों के अदम्य उत्साह और जबर्दस्त मेहनत से मिली है, इनमें प्रभंजय चतुर्वेदी का विशेष रूप से उल्लेख करूंगा जिन्होंने इस चुनौती का मेरे साथ बीड़ा उठाया। भिलाई

स्टील प्लांट ने अद्‌भुत और अभूतपूर्व सहयोग दिया। जेसीस रोटरी आदि के सहयोग के बिना यह सफलता दुष्कर थी।

यह इतिहास किसी एक व्यक्ति ने नहीं बल्कि आप सबने मिलकर रचा है। हमारा प्रदेश इस विश्व रिकार्ड के माध्यम से विश्व मानचित्र पर एक नए रूप में स्थापित हुआ है और इसका श्रेय आप सबको जाता है। जिस टीम में मधुर चितलांग्या, सोहन जैन, संजीव कासलीवाल जैसे दिग्गज हों, वहां सफलता में कोई संदेह हो ही नहीं सकता।

मैं बहुत भाग्यशाली हूं कि यह कार्यक्रम मेरी अध्यक्षता में हुआ। दुर्ग भिलाई लाइफक्राफ्ट उन सभी व्यक्तियों की ऋणी है जिन्होंने इस कार्यक्रम को सफल बनाने में हमारा साथ दिया।

* * *

हमेशा ध्यान रखिए

- किसी का श्रेय मत छीनिए।
- स्वगुणगान मत कीजिए।
- विजय और उपलब्धियों का श्रेय पहले दूसरों को दीजिए, फिर खुद लीजिए।
- दूसरों की दिल खोलकर सच्ची प्रशंसा कीजिए।
- दूसरों की निंदा अकेले में और खूबियों की चर्चा सबके सामने कीजिए।
- एक सफल नेतृत्वकर्ता की तरह असफलता का जिम्मा अपने कंधों पर लीजिए।

ये मेरा व्यक्तिगत अनुभव है कि जब हम दूसरों से श्रेय छीनते हैं तो वह और तेजी से दूर हो जाता है तथा निंदा हाथ लगती है।

दूसरी ओर जैसे ही आप सबको महत्त्व देते हुए श्रेय बांटना और प्रशंसा करना प्रारंभ करते हैं आपकी ख्याति दोगुनी तेजी से बढ़ती है। **इसलिए अपने संबोधनों में ज्यादा 'मैं' से परहेज कीजिए और 'हम और आप' का अधिक उपयोग कीजिए।**

●●●

श्रोताओं को जोड़ने के मेरे पसंदीदा टिप्स

सफल वक्ता वह नहीं जो श्रोताओं को समझता है बल्कि वह है जिसकी बातों को श्रोता समझते हैं।

— लेखक

चाहे कार्यालय में मीटिंग हो, सेल्स प्रस्तुति हो, कॉलेज का वार्षिक उत्सव हो या कोई सामाजिक कार्यक्रम हो, हर वक्ता चाहता है कि उसकी एक विशिष्ट पहचान बने, श्रोता उसकी प्रशंसा करे और उसे लंबे समय तक याद रखे। हर वक्ता की अपनी शैली और भाषण की रचना होती है। मैं अपने भाषणों में श्रोताओं को अपनी ओर आकर्षित करने के लिए कुछ विशिष्ट तरीके अपनाता हूं। इनमें से कुछ को आपके साथ बांटना चाहूंगा। ये तरीके किसी भी कार्यक्षेत्र में और किसी भी प्रकार की प्रस्तुति में उपयोगी सिद्ध होंगे।

संयोग का उपयोग (Concidence)

कई ऐसी घटनाएं होती हैं जो एक ही तिथि और समय में घटती है, कभी कार्यक्रम की तिथि पर ही अतिथि या अन्य वक्ता का जन्मदिन होता है और कभी उसी दिन इतिहास की कोई यादगार घटना होती है। ऐसे ढेरों संयोग या तो स्वयं जुड़ जाते हैं या योजनाबद्ध तरीके से अपने उद्देश्य हेतु इनकी रचना भी की जाती है। सोचा जाए तो हजारों संयोग ढूंढे जा सकते हैं। यदि आप किसी तिथि को भाषण दे रहे हैं तो उस

तिथि पर पिछले 20-30 वर्षों में घटी किसी भी घटना का उल्लेख आप कर सकते हैं। जब भी मैं पत्रिकाओं या अखबारों में ऐसे संयोग देखता हूं तो उन्हें अपने पास संभालकर रख लेता हूं ताकि समय आने पर उपयोग कर सकूं। आप सामान्य दैनिक जीवन के संयोगों का भी अपने वक्तव्यों में उपयोग कर सकते हैं या इतिहास के पन्नों में जाकर स्मरणीय प्रसंगों को जोड़कर पेश कर सकते हैं। संयोग लंबे भी हो सकते हैं और छोटे भी।

एक अद्भुत संयोग मैंने पढ़ा था और उसे मैंने अपनी प्रस्तुति में जब भी उपयोग किया श्रोता आश्चर्यचकित हो गए।

अमेरिका के राष्ट्रपति **अब्राहम लिंकन** और **जान एफ. कैनेडी** के साथ घटी घटनाओं के संयोग। शायद ऐसा सदी में दुबारा फिर न हो। दोनों सदी के एक समान वर्ष में चुने गए

लिंकन 1860 – कैनेडी 1960

दोनों की हत्या **शुक्रवार** को की गई।

दोनों के बाद अगले राष्ट्रपति **जानसन** थे।

एंड्रयू जानसन और लिंडन जानसन

दोनों के बाद के राष्ट्रपति भी समान वर्षों में जन्मे थे।

एंड्रयू जानसन 1808 और लिंडन जानसन 1908

दोनों उत्तराधिकारी राष्ट्रपति के नाम 7 अक्षर के थे।

दोनों के हत्यारों के नाम 15 अक्षर के थे।

JOHN WALKER BOOTH और **LEE HARVEY OSWALD**

लिंकन के हत्यारे का जन्म **1839** में और कैनेडी के हत्यारे का **1939** में।

दोनों के बच्चों का **व्हाइट हाउस** में देहांत हुआ।

लिंकन की हत्या **सिनेमाघर** में हुई और हत्यारा **वेयर हाउस** से भागा।

कैनेडी की हत्या **वेयर हाउस** से हुई और हत्यारा **सिनेमाघर** में भागा।

दोनों हत्यारों की **हत्या सजा** होने के पहले ही हो गई।

दोनों राष्ट्रपतियों का **प्रथम मुद्दा सामाजिक अधिकार** था।

इतने लंबे संयोगों की फेहरिस्त देखकर श्रोता चौंक जाता है लेकिन

यह दुर्लभ है। आप सामान्य संयोगों से भी ध्यान आकर्षित कर सकते हैं।

उदाहरण : आज हम हमारी संस्था के स्थापना दिवस के लिए इकट्ठे हुए हैं और सबसे बड़ी खुशी की बात यह है कि आज हमारे मुख्य अतिथि का भी जन्मदिन है।

किसी एक विषय पर तथ्यों का अम्बार

हम अपने शब्दों से सामान्य बातों को विशिष्ट बना सकते हैं और विशिष्ट को सामान्य। यदि किसी भी एक विषय पर ढेर सारी उपलब्धियां और सकारात्मक बातें रख दी जाएं तो श्रोता सोचने पर मजबूर होता है और उसी तरह यदि एक विषय पर ढेर सारी नकारात्मक बातें रख दी जाएं तो श्रोता चौंक जाता है।

महाराष्ट्र की राजधानी मुंबई के अधिकारियों का एक दल विदेश दौरे पर गया। दल का लक्ष्य था, विदेशी कंपनियों को मुंबई में निवेश हेतु प्रेरित करना और अनुदान लाना। मीटिंग में बैठे एक विदेशी उद्योगपति ने मुंबई में अंडरवर्ल्ड का आतंक और बेतरतीब ट्रैफिक जैसे मुद्दे छेड़ दिए और माहौल एकदम नकारात्मक हो गया। दूसरे उद्योगपति चिंतित हो उठे। एक चतुर भारतीय अधिकारी ने मोर्चा संभाला और कहा कि जिन समस्याओं की आप बात कर रहे हैं वे अति सामान्य हैं और उनसे उद्योगपति कतई परेशान नहीं हैं। मुंबई वह नहीं जो आप सब समझ रहे हैं।

मुंबई भारत का एक तिहाई इन्कमटैक्स देती है।
मुंबई भारत की 60% कस्टम ड्यूटी देती है।
मुंबई भारत का 20% सेंट्रल एक्साइज ड्यूटी देती है।
मुंबई में भारत की 10% शहरी जनसंख्या रहती है।
मुंबई भारत की 10% नौकरियों का जन्मदाता है।
मुंबई पोर्ट भारत का 40% व्यापार संभालता है।
मुंबई विमानतल 41% घरेलू व 58% विदेशी यात्रियों को संभालता है।
मुंबई से सबसे ज्यादा सागरतलीय तैल और गैस का उत्पादन होता है।
मुंबई भारत के आणविक कार्यक्रम का मुख्य केंद्र है।

मुंबई भारत का सबसे बड़ा जल सेना बेस है।
मुंबई भारत की आर्थिक राजधानी है।
मुंबई भारत का सबसे बड़ा कास्मोपोलिटन नगर है।

इतना कहकर अधिकारी ने कहा–और कुछ जानना चाहेंगे आप मुंबई के बारे में। किसी के पास पूछने को कोई सवाल नहीं था। अधिकारी ने एक बार में ही इतनी ज्यादा जानकारी दे दी थी कि सबके दिमाग में सोचने की प्रक्रिया रुक गई थी। आप भी किसी विषय विशेषज्ञ के रूप में जाएं या सामान्य वक्ता के रूप में, तथ्यों के अंबार से सब को चौंका सकते हैं। श्रोता आपके ज्ञान और तथ्यों को जमा करने हेतु आपके द्वारा की गई मेहनत के बारे में सोच कर प्रभावित हो जाते हैं।

आंकड़ों और संख्याओं का उपयोग

अक्सर लोग तिथि, आंकड़े और संख्या आदि को याद नहीं रखते या नजरअंदाज कर देते हैं। अपनी प्रस्तुति को विश्वसनीयता देने के लिए और सबको चौंका देने के लिए आप आंकड़ों का उपयोग कीजिए। श्रोता आपकी याददाश्त और आपकी तैयारी, दोनों से प्रभावित होते हैं।

लगभग दो वर्ष पूर्व भारतीय रेलवे के 150 वर्ष पूर्ण होने पर जगह-जगह कार्यक्रम आयोजित किए गए थे। ऐसे ही कार्यक्रम में एक वक्ता ने अपनी बात शुरू की–

अप्रैल 1853 में बोरीबंदर से थाने तक 34 कि.मी. का सफर करने वाली भारतीय रेल आज 150 वर्ष बाद प्रतिदिन 63,028 कि.मी. से ज्यादा सफर करती है। वह एक ट्रेन आज 12,000 ट्रेनों में बदल चुकी है।

वो दो स्टेशन आज 6,853 स्टेशन से ज्यादा हो चुके हैं।

आज वह एक ट्रेन 42,750 कोच और 2,22,147 से ज्यादा मालवाहक डिब्बों का परिवार है।

चंद कर्मचारियों से शुरू हुई भारतीय रेल आज 1.65 मिलियन कर्मचारियों की जीवनदाता है।

दोस्तों, आज कार्यक्रम का विषय है भारतीय रेल और 150 वर्ष

इन संख्यात्मक आंकड़ों को सुनकर श्रोता तो क्या, रेलवे अधिकारी भी चौंक गए। चारों ओर तालियां गूंज उठीं। आप भी थोड़ी मेहनत करके ऐसे आकर्षक आंकड़े जुटा सकते हैं और श्रोताओं को अपनी तैयारी से प्रभावित कर सकते हैं।

आंकड़े बहुत छोटे भी हो सकते हैं, जैसे क्या आप जानते हैं–

एक खूबसूरत मुस्कराहट में सिर्फ 14 मांसपेशियां काम करती है और दूसरी ओर गुस्से में 72 मांसपेशियों को काम करना पड़ता है।

ऐसे आंकड़ों का प्रयोग कीजिए और स्वयं को विशिष्ट बनाइए।

तर्कपूर्ण संबंध

किसी एक बात को समझाने के लिए किसी दूसरी बात को माध्यम बनाया जाता है। तर्कों द्वारा एक विषय से दूसरे विषय को जोड़ा जाए तो जबरदस्त प्रभाव होता है। आपको हमेशा एलर्ट रहना चाहिए, जाने कब कौन-सा बेहतरीन उदाहरण मिल जाए और आपकी प्रस्तुति में जान डाल दे।

समय का मूल्य या समय प्रबंधन पर मैं अपनी वर्कशाप में इन लाइनों का नियमित उपयोग करता हूं–

यदि एक साल की कीमत समझनी हो तो,
उस छात्र से पूछो जो वार्षिक परीक्षा में फेल हो गया हो।
यदि एक मिनट की कीमत समझनी हो तो,
उससे पूछो जिसकी ट्रेन छूट गई हो।
यदि एक सेकंड की कीमत समझनी हो तो,
उससे पूछो जो एक्सीडेंट में मरते-मरते बचा हो।
यदि एक मिली सेकंड की कीमत समझनी हो तो,
उससे पूछो जिसे ओलंपिक में स्वर्ण की जगह रजत मिला हो।

ऐसे तर्कपूर्ण संबंध वक्तृत्वकला में कमाल करते हैं। ऐसी सामग्री पोस्टर में, ग्रीटिंग में और पुस्तकों में बहुतायत संख्या में मिलती है। आप समय और विषय के अनुसार छोटे संबंध भी जोड़ सकते हैं।

कैरी मूडस पहनावे के बारे में बात करते हुए कहते हैं–

जूते पॉलिश करने का महत्त्व उससे पूछो जिसे नौकरी के इंटरव्यू में दूसरे के बराबर अंक थे परंतु उसे नौकरी नहीं मिली।

हां, इंटरव्यू टीम का एक सदस्य उसके जूतों को बार-बार देख रहा था।

वन लाइनर -- एक वाक्य

इन्हें मैं लिखित रूप में ज्यादा उपयोगी समझता हूं क्योंकि बोलने पर ये कितना प्रभाव डाल पाएंगी, ये अनिश्चित होता है। अत: ये फ्लिपचार्ट, स्लाइड, ट्रांसपरेंसी और पोस्टर आदि में ज्यादा प्रभावित करती है।

एक क्लीनिक के दरवाजे पर लिखा था–

हमारे यहां आपका पहला दिन आपका आखिरी दिन होगा।

एक अस्पताल के जच्चा-बच्चा विभाग में–

शाम सात बजे के बाद बच्चे मना है।

एक कपड़े की दुकान पर–

रेडिमेड वस्त्र, आर्डर से सिले जाते हैं।

इस तरह की व्यंग्य में डूबी लाइनें पढ़ने वालों पर जबरदस्त प्रभाव डालता है। यदि शब्द संरचना ऐसी हो कि बोलने पर भी दूसरों को समझ आए तो आप इसे बोल कर भी दूसरों को आकर्षित कर सकते हैं।

उदाहरण : एक चाइल्ड साइकोलॉजी एक्सपर्ट ने पालको की मीटिंग में कहा–

कितनी हैरानी की बात है कि हम जन्म के बाद पहले पांच साल बच्चों को बोलना और चलना सिखाते हैं और उसके बाद अगले 15 साल कहते हैं, चुप रहो और शांत बैठो।

स्कूल ट्रिक्स

हमारे बड़े और परिपक्व हो जाने के बाद चुटकुले, शायरी और कहानी आदि का चयन बदल जाता है परंतु श्रोताओं में हर प्रकार के लोग रहते हैं। सभी श्रोता अलग-अलग बातों से प्रभावित होते हैं, इसका कोई स्टैंडर्ड फार्मूला या मूलमंत्र नहीं है।

सामान्य स्कूल ट्रिक्स मैं उन शैलियों को कहता हूं जिसे बच्चे आपस में स्कूलों में प्रयोग करते हैं। किसी भी चीज का फार्मूला बना देना या किसी भी अंग्रेजी शब्द को तोड़कर अलग-अलग अर्थ

निकालना। ये शैलियां भी विवेक से उपयोग की जाए तो प्रभावशाली होती हैं। इससे वे ज्यादा लंबे समय तक दिमाग में रहती हैं। हम पुस्तकों में अक्सर पढ़ते हैं - अपने लक्ष्य को

SMART बनाओ

S – Specific **M – Measurable** **A – Achievable**

R – Realistic **T – Time bound**

SMART मस्तिष्क में आसानी से रुकेगा और ये सारी जानकारी भी याद आ जाएगी। ये तरीके हम स्कूल कॉलेजों में नियमित रूप से अपनाते हैं।

मैनेजमेण्ट छात्रों को पढ़ाया जाता है–

SWOT

S – STRENGTH **W – WEAKNESS**

O – OPPORTUNITY **T – THREAT**

आप भी अपने प्रस्तुतियों में शब्दों की ऐसी जोड़-तोड़ अवश्य कीजिए जिससे श्रोता बहुत लंबे समय तक आपकी कही बात को याद रख सके। आप अपने उद्देश्य और विषय के अनुसार कैसे भी फार्मूले को इस्तेमाल कर सकते हैं। कुछ दिन पहले मैंने कहीं पढ़ा था–

सुखी और सफल जीवन के लिए

+	**Add**	**Hapiness**	खुशियां जोड़ो
×	**Multiply**	**Achievement**	उपलब्धियों को गुणा करो
÷	**Divide**	**Failures**	असफलताओं को भाग दो
–	**Substract**	**Sorrow**	दुख को घटा दो

ऐसे सामान्य तरीके आपको असामान्य रूप से सफल बना सकते हैं। हमेशा अलर्ट रहिए। बोलने योग्य सामग्री एक ट्रक से लेकर एक अखबार तक कहीं भी मिल सकती है।

•••

वक्ता के लिए ईश्वरीय निर्देश

- ❑ वे अपने भाषण का प्रारंभ क्षमा मांगने के साथ नहीं करेंगे।
- ❑ वे अपने भाषण को आंकड़ों से नहीं भरेंगे।
- ❑ वे बहुत अधिक भावुक नहीं होंगे।
- ❑ वे अतिश्योक्तिपूर्ण वर्णन नहीं करेंगे।
- ❑ वे व्यंग्यपूर्ण या गलत व्यवहार नहीं करेंगे।
- ❑ वे अस्पष्ट भाषण नहीं देंगे।
- ❑ अस्पष्ट और अप्रभावी भाषण के लिए कोई कारण नहीं है।
- ❑ वे भाषा के साथ तोड़-फोड़ नहीं करेंगे।
- ❑ वे मुख्य विषय से नहीं भटकेंगे।
- ❑ वे श्रोताओं के समय की कद्र करेंगे।
- ❑ वे अधिक लंबा भाषण नहीं देंगे।
- ❑ वे भाषण में व्यक्तिगत आक्षेप नहीं करेंगे।
- ❑ वे भाषण में अभद्र शब्द नहीं कहेंगे।

●●●

माइक पर मेरा पहला अनुभव

> जो सोचता है कि वह दूसरों को जानता है, वह विद्वान है
> जो सोचता है कि वह खुद को जानता है, वह बुद्धिमान है
> जो सोचता है कि वह सबको जानता है, वह अनजान है
> जो सोचता है कि वह कुछ नहीं जानता, वह महान है
>
> — लेखक

मैं बिल्कुल छोटा था। क्लास-3 में पढ़ता था। अपनी मम्मी के साथ समाज के एक कार्यक्रम में गया था। हाफ-पैंट पहने मैं उस हाल में इधर से उधर भाग रहा था।

वहां तात्कालिक भाषण प्रतियोगिता चल रही थी जिसमें मंच पर जाकर एक चिट निकालनी पड़ती थी। दो मिनट का समय सोचने के लिए दिया जाता था। उसके बाद सब भाषण देते थे।

खेल से थक कर मैं मम्मी के पास जाकर बैठ गया। दो-तीन भाषण सुने, कुछ समझ में नहीं आया। ये देखा कि जब भी कोई बोलने जाता है तो ताली बजती है और बोल कर वापस आता है तो फिर से ताली बजती है। मेरी मम्मी भी ताली बजा रही थी। मैंने सोचा- मैं भी बोलूंगा तो मम्मी ताली बजाएगी। मैंने कहा "मम्मी, मैं भाषण दूंगा।"

मम्मी भी एक क्षण को हैरान हो गई। छोटी-सी उम्र, कोई तैयारी नहीं, सीधे तात्कालिक भाषण। शायद कोई और होता तो मुझे मना कर देता, मुझसे कहता कि तात्कालिक भाषण बड़ों की प्रतियोगिता है। तुम उसमें क्या करोगे हिस्सा लेकर।

लेकिन वे मेरी मम्मी थीं, आत्मविश्वास से भरी। तुरंत उन्होंने कहा ठीक है बेटा।

कार्यक्रम के संयोजक ने दो बार मेरी मम्मी से पूछा। भाभी जी, उज्जवल का नाम लिखा रहे हो। छोटा है बोल पाएगा क्या। मम्मी ने कहा–उसकी इच्छा है, बोलने दो।

मेरी बारी आई, खूब तालियां बजी। सबसे छोटा प्रतिभागी था मैं। मैंने चिट निकाली, विषय आया **परोपकार**। इस पर मुझे दो मिनट बोलना था। मुझे तो इस शब्द का मतलब ही नहीं मालूम था।

मैं स्टेज से कूदा और भागने लगा। सबने सोचा–मैं डर के भाग रहा हूं। मैं सीधे मम्मी के पास गया और मैंने मम्मी से पूछा।

मम्मी, परोपकार का क्या मतलब होता है?

मम्मी ने कहा दूसरों की मदद करना। वक्त पड़ने पर दूसरों के काम आना और गरीबों की मदद करना। मैं वापस स्टेज पर जाकर खड़ा हो गया। मुझे ये मालूम नहीं था कि चिट निकालने के बाद स्टेज छोड़कर नहीं जा सकते। किसी से बात नहीं कर सकते। खैर छोटा होने के कारण मुझे दूध-भात मिला और गलती माफ कर दी गई।

लोग मुझे देख-देख कर हंस रहे थे। मैं माइक पर पहुंचा। माइक थोड़ा ऊपर था। मैंने माइक पर कहा–**भैया, माइक नीचे करो!** आवाज सुनाई नहीं दे रही है। माइक वाले ने आकर माइक नीचे किया और लोगों की हंसी और बढ़ गई। मैंने बात शुरू की–

"सभी बड़ों को मेरा प्रणाम,
जजों को मेरा प्रणाम
मुझे परोपकार विषय पर बोलना है,
हम सबको परोपकार करना चाहिए।
परोपकार करने से स्वर्ग में जाते हैं।
परोपकार नहीं करते तो नरक में जाते हैं।

एक कहानी बताऊं, एक अंधी बूढ़ी माँ रोड के किनारे खड़ी थी। रोड पार नहीं कर पा रही थी। दो लड़के रामू और श्यामू वहां से जा रहे थे। रामू ने बूढ़ी माँ को देखा और आगे चला गया। श्यामू ने बूढ़ी

माँ को देखा, अपना बस्ता नीचे रखा। बूढ़ी माँ को सड़क के उस पार ले गया। बूढ़ी माँ ने श्यामू को आशीर्वाद दिया। आप लोग बताओ- रामू अच्छा है या श्यामू। (पब्लिक से आवाज आई- श्यामू) श्यामू स्वर्ग गया और रामू नरक गया। इसलिए हम सब को श्यामू बनना चाहिए।"

इतना कहकर मैंने भाषण समाप्त किया और नीचे आ गया। उतनी छोटी-सी उम्र में भी मैंने महसूस किया कि सबकी आंखों में मेरे लिए प्रशंसा के भाव थे। स्टेज से मम्मी तक के सफर में कई लोगों ने हाथ मिलाया। कुछ ने पीठ थपथपाई। मुझे पुरस्कार भी मिला।

फिर मैंने कभी मुड़ कर नहीं देखा। मैं जो कुछ भी हूं, मेरी मम्मी का उपकार है मुझ पर। उन्होंने मेरी क्षमताओं पर हमेशा भरोसा किया। मेरे पिता मुझसे बहुत प्यार करते थे। मुझ पर से उनका साया बहुत छुटपन में ही उठ गया। मैं मेरी मम्मी द्वारा निर्मित कृति हूं।

माता-पिता को अपने बच्चों पर विश्वास करना होगा। उनके सपनों, उनकी महत्त्वाकांक्षाओं को सींचना होगा। उन्हें थपथपाते रहना होगा। हमेशा उन्हें प्रेरित कीजिए। आपकी प्रेरणा से वे सब कुछ कर जाएंगे। उनकी किसी से तुलना मत कीजिए। उनकी व्यक्तिगत खूबियों को पहचानिए और बढ़ावा दीजिए। उन्हें अहसास दिलाइए कि वे दुनिया में किसी से कम नहीं हैं।

●●●

अनचाहे शब्दों से बचिए

आदतें आपकी इच्छा से आती है परन्तु अपनी इच्छा से जाती है।

इन्हें वर्बल वायरस या मौखिक वायरस कहा जाता है। अधिकांश लोगों की रोजमर्रा की भाषा में धीरे-धीरे कुछ अनचाहे और अनावश्यक शब्द आ जाते हैं, जो सुनने में अच्छे नहीं लगते।

कुछ लोग इन्हें स्टाइल के लिए प्रयोग में लाते हैं, परंतु धीरे-धीरे वह स्टाइल उनकी आदत बन जाती है। जिससे छुटकारा पाना मुश्किल हो जाता है। अक्सर हिंदी के बीच में कुछ अंग्रेजी शब्द भी जगह बना लेते हैं।

प्रचलित अनचाहे शब्द

वाह, अम्म्म, अरे, अबे, यार, ओ के, उह i like, you know, oh, sort of आदि। अच्छे शब्दों का अनावश्यक दोहराव भी उन्हें अनचाहे शब्दों की श्रेणी में ले आता है जैसे फ्रेण्डस, दोस्तों, कम ऑन, आदि।

अनचाहे शब्द बोलने की आदत को पहचानने और दूर करने के तरीके

1) समस्या को पहचाने और स्वीकार करें

हमें अक्सर यह समस्या या तो दूसरों द्वारा बताने पर पता चलती है या ऑडियो टेप के माध्यम से पकड़ में आती है।

एक सामान्य व्यापार या कार्य दिवस पर अपनी बातचीत और फोन कॉल्स को रिकार्ड कीजिए। ऐसे शब्दों को पहचानिए। जिस शब्द का आप सबसे ज्यादा दोहराव कर रहे हैं, उसे नोट कर लीजिए। सबसे पहले उसी शब्द में सुधार से शुरुआत कीजिए।

2) दो या तीन सेकेण्ड रुकें

जैसे ही आपको लगे कि आप एक अनचाहा शब्द बोलने जा रहे हैं, कुछ मत कहिए, रुक जाइए। यह विराम शुरुआत में आपको बड़ा अजीब लगेगा परन्तु यह सिर्फ दो या तीन सेकेण्ड का होगा इसलिए श्रोता इसे समझ नहीं पायेंगे। इस विराम के माध्यम से आपको भी थोड़ा समय मिलेगा और श्रोता भी आपकी बातों पर विचार कर पायेंगे। एक गहरी सांस भी कारगर सिद्ध होगी।

3) परिवार और मित्रों की मदद से कोडवर्ड बनाइये

उनको अपनी समस्या बताइये और उनसे मदद लीजिए। उनसे कहिए कि वो अनचाहे शब्दों के उपयोग पर आपको रोके और टोके। जब भी आप अनजाने में ऐसे शब्द बोलें, आपके मित्र व परिवारजन कोई खास ईशारा करें जिससे आप तुरंत सचेत हो सकें। यह खास कोड वर्ड या संकेत आपकी आदत सुधारने में मदद करेगा।

कुछ दिनों के पश्चात पुनः अपनी बातचीत पर गौर करें, उसे रिकॉर्ड करें और देखें वह खास अनचाहा शब्द आपकी भाषा से हटा या नहीं।

मेरा विश्वास है कि आप अपने अन्दर सकारात्मक परिवर्तन महसूस करेंगे। अपनी प्रशंसा कीजिए, खुद की पीठ थपथपाइये, उन लोगों को धन्यवाद दीजिए, जिन्होंने आपकी मदद की है। अब अगले शब्द पर काम शुरू कीजिए।

●●●

प्रभावी वक्ता की प्रभावशाली बॉडी लैंग्वेज

- वक्ता और नेत्र संपर्क
- हाव-भाव
- विजेता का पहनावा

वक्ता और नेत्र संपर्क

अच्छे वक्ता मंच पर पहुंचते ही सहजता से श्रोताओं से नेत्र संपर्क स्थापित करते हैं। उपस्थित लोगों को लगना चाहिए कि आपकी नजर सभी की ओर देख रही है।

नेत्र संपर्क क्यों आवश्यक है

- जैसे ही आपकी नजरें श्रोताओं से मिलती हैं वे आपसे जुड़ जाते हैं।
- यदि आप लगातार किसी एक ग्रुप या व्यक्ति की तरफ ही देखते हैं तो दूसरे श्रोता आपसे कटने लगते हैं।
- आत्मविश्वास से भरी आपकी आंखें जब हॉल में दाएं, बाएं, आगे और पीछे बैठे लोगों की नजरों से मिलती है तो वे आपके भाषण का हिस्सा बनते हैं।
- जैसे ही लोग आपस में बातचीत करना शुरू करते हैं या भाषण से उनका ध्यान हटता है तो आपकी आंखें उन्हें भाषण से जुड़े रहने और ध्यानपूर्वक सुनने का संदेश देती हैं।
- जो लोग आपकी नजरों में अच्छे श्रोता साबित होना चाहते हैं वो अपनी नजर से आपकी नजर मिलने का इंतजार करते हैं।
- यदि आप लिखा हुआ देखकर पढ़ रहे हैं तो श्रोताओं का आपसे कोई नेत्र संपर्क नहीं रहेगा और वे अनियंत्रित हो जाएंगे।

नेत्र संपर्क कैसे बनाएं

उपस्थित भीड़ में समर्थक या अनुशासित समूहों और व्यक्तियों को ढूंढ़िए। इसी तरह अशांति और उपद्रव फैलाने वाले लोगों को पहचानिए।

आप प्रथम 30 सेकंड से एक मिनट में समर्थकों को चुनकर उनसे नजरों का संपर्क स्थापित कर लीजिए। इन्हीं सहमति भरी आँखों के सहारे आपकी प्रस्तुति सफल होगी।

- विरोधी ग्रुपों से थोड़ा बचें क्योंकि उनकी असामान्य हरकतें आपको विचलित कर सकती है। आपको अचानक हंसी या गुस्सा आ सकता है और आपकी प्रस्तुति बिगड़ सकती है।
- कुछ श्रोता सहमति में लगातार सिर हिलाते हैं, (Head nodder) ये भाषण के दौरान बड़े अच्छे दोस्त सिद्ध होते हैं।
- किसी की भी आँखों में घूर कर नहीं देखें। समूह को 2-4 सेकंड तक देखें और दूसरे समूह पर नजरें केन्द्रित कर लें।
- नेत्र संपर्क श्रोताओं को नियंत्रित करने का और स्वयं से जोड़ने का प्रभावी माध्यम है।

नेत्र संपर्क अभ्यास योजना

अपने अभ्यास के कमरे में, यह कल्पना कीजिए कि सामने श्रोता बैठे हैं। जमीन पर रखी और दीवार पर टंगी कुछ वस्तुओं को श्रोता मानिए। ऐसे भाषण दीजिए जैसे आप माइक के सामने हैं। धाराप्रवाह बोलते हुए अपनी नजर धीरे-धीरे एक के बाद दूसरी वस्तुओं पर डालिए। उन सब को देख लेने के बाद सामने और पीछे की विशिष्ट वस्तुओं को थोड़ा ज्यादा समय दीजिए। अभ्यास खत्म करने के बाद विश्लेषण कीजिए, किन वस्तुओं पर भाषण के दौरान नजर स्थिर कर पाए और किन पर नहीं। शुरुआत में आप वक्तव्य देने में तकलीफ महसूस करेंगे परंतु अभ्यास के द्वारा नेत्र संपर्क और प्रभावी भाषण एक साथ संपन्न होगा। नेत्र संपर्क का यह प्रभावी अभ्यास है। आप वस्तुओं को विभिन्न दूरियों पर भी रख सकते हैं, उससे भीड़ के विभिन्न समूहों से नजर मिलाने का अभ्यास हो जाएगा।

भाषण और शरीर की भाषा

"आप कभी दूर खड़े होकर किसी समूह को आपस में बातें करते हुए देखिए। आप पाएंगे कि हर व्यक्ति जब कुछ कहता है या कहने जा रहा होता है तो उसके हाथ हरकत में आ जाते हैं। जब तक वह व्यक्ति बात करता है तब तक उसके हाथों की मुद्रा बोलती रहती है।"

हाथों की विशिष्ट भाषा

- हाथों को अभिव्यक्ति का सहज माध्यम बनाइए।
- बड़े-बड़े प्रभावी वक्ता भी हाथों का उचित उपयोग नहीं कर पाते।

सामान्य गलतियां–हाथ जेब में जाना, चाबी या पेन से खेलना, बार-बार बाल ठीक करना, चश्मा ठीक करना, पैंट ऊपर खिसकाना, शर्ट की क्रीज ठीक करना, गर्दन खुजलाना। अपनी प्रस्तुति को और अपनी आदतों को ध्यान से देखें। यदि इनमें से आप कोई गलती कर रहे हैं तो उसे दूर कीजिए। अपनी कुछ विशिष्ट शैलियां बनाइए।

"मैं अपने भाषण के बीच में अक्सर दोनों हाथ ऊपर ले जाकर तालियां बजाता हूं। जैसे ही मेरे हाथ ऊपर जाते हैं अपने आप ही श्रोताओं के हाथ भी तालियां बजाने ऊपर आ जाते हैं।"

- कृत्रिम हाव-भाव बनाने का प्रयास न करें उससे श्रोता प्रभावित नहीं होते।
- हाथों की कई भाव-भंगिमाएं अपमानजनक होती हैं। क्रोध पैदा करती हैं। उनकी पहचान करें और बचें।

पैरों की विशिष्ट भाषा

पैरों के बीच 10-12 इंच की दूरी रखकर सीधे खड़े रहें जिससे आपका शरीर ऊर्जावान नजर आए।

सामान्य गलतियां–एक के ऊपर एक पैर रखना, बार-बार एक पैर से दूसरे पैर पर पैंडुलम की तरह शरीर का वजन डालना, पैर बहुत फैलाकर खड़े होना, बार-बार पैरों को आगे पीछे लेना। इन गलतियों पर ध्यान दें अन्यथा श्रोता का ध्यान आपकी बात से हटकर पैरों पर चला जाएगा।

स्टेज पर बहुत ज्यादा मत हिलिए। आपकी हर हरकत का एक उद्देश्य होना चाहिए। यदि आप स्टेज के मध्य में हैं तो अपनी बात को प्रभावी बनाने या कोई धमाकेदार वाक्य बोलने के लिए जनसमूह की ओर तीन कदम बढ़ाइए। उससे वे सारे कार्य छोड़कर सिर्फ आपकी ओर आकृष्ट हो जाएंगे।

बेहतरीन शारीरिक भाषा

त्रुटिपूर्ण शारीरिक भाषा

यदि आप बिल्कुल सुनने वालों से घुलमिल जाना चाहते हैं तो श्रोताओं के बीच भी जा सकते हैं। ये तरीके अनुभवी वक्ताओं के लिए ज्यादा उपयुक्त है, नए वक्ताओं को स्टेज के मूल नियम याद रखने चाहिए। आपकी हर हरकत का एक अर्थ होना चाहिए।

1. *यदि आप एक खुले मंच पर बिना स्टैंड के खड़े हैं और आप मंच पर श्रोताओं की दिशा में कदम बढ़ाते हैं तो उन्हें ऐसा लगता है कि आप कोई महत्वपूर्ण बात कहने जा रहे हैं।*
2. *जब भी आप पीछे की ओर हटते हैं तो उन्हें लगता है आप अपनी बात खत्म करने वाले हैं।*
3. *यदि आप दाएं या बाएं बढ़ते हैं तो उन्हें लगता है कि आप एक विचार से दूसरे विचार या भाषण के एक हिस्से से दूसरे हिस्से की ओर जा रहे हैं।*

"बिना ठोस कारण के स्टेज पर हलचल न करें"

•••

विजेता का पहनावा

प्रथम छाप अंतिम छाप होती है परंतु अंतिम छाप अमिट छाप होती है।

— लेखक

आपने एक कहावत सुनी होगी "जैसा देश वैसा वेश"

आपका पहनावा आपके व्यक्तित्व की प्रथम पहचान होती है। कुछ वक्ता वेशभूषा को खास महत्त्व नहीं देते परंतु मेरा नजरिया एकदम स्पष्ट है। हमें वेशभूषा और पहनावे को अतिमहत्त्वपूर्ण श्रेणी में लेना चाहिए। इस पहलू को कभी भी नजरअंदाज नहीं किया जा सकता।

आप एक सामान्य दुकानदार से पूछिए कि जब एक सामान्य व्यक्ति खरीदारी करने आता है और जब एक शानदार पहनावे वाला प्रभावशाली व्यक्तित्व खरीदारी करने आता है तो दुकानदार के व्यवहार में कैसा परिवर्तन आता है। आपका पहनावा आपका प्रारंभिक प्रभाव पैदा करता है।

हममें से हर कोई नए वस्त्र पहनकर अपने आपको ज्यादा खूबसूरत और स्मार्ट महसूस करता है। जब हम कोई बेहतरीन ड्रेस पहनते हैं तो ऐसा प्रतीत होता है मानो सारी नजरें चुपके से हमें देख रही है। आकर्षक, सलीकेदार और पसंदीदा कपड़े हमारे अंदर आत्मविश्वास पैदा करते हैं। अक्सर लोग कपड़ों से ही व्यक्तित्व के बारे में राय बना लेते हैं।

मनोवैज्ञानिक विश्लेषकों ने दो युवाओं को लेकर एक सर्वे किया। प्रथम युवक के कानों में बालियां हैं, बांह पर गोदना है, उसने जगह-जगह छेद वाली आधुनिक जींस पहनी हुई है, अलग हेयर स्टाइल है। द्वितीय युवक ने सामान्य-सी सलीकेदार शर्ट-पैंट पहनी है, वस्त्रों से मैच करते जूते और बेल्ट हैं, एक अच्छी घड़ी कलाई पर है। आपको इन दो में से किसी एक को अपना मातहत या साथी चुनना है तो आप किसे चुनेंगे। सर्वे में मध्यम और लघु शहरों में लगभग 95% लोगों ने द्वितीय युवक को अपना वोट दिया। मेट्रो में लगभग 70% लोगों ने द्वितीय युवक को वोट दिया और 30% लोगों ने प्रथम युवक को चुना। इन 30% में अधिकांश फैशन और मीडिया के लोग थे।

* * *

यह प्रथम राय या प्रथम इम्प्रेशन बहुत महत्त्व रखता है, अतः हमेशा अपना जोरदार प्रथम प्रभाव छोड़ने का प्रयास करें।

ध्यान देने योग्य बातें

- कार्यक्रम के अनुसार वेशभूषा का चुनाव करें। जैसे–एक बिजनेस मीटिंग में सूट और संगीत संध्या में एक डिजाइनर कुर्ता ज्यादा उपयुक्त रहेगा। शोक समारोह में सादगी और वैवाहिक कार्यक्रमों में तड़क-भड़क, ये स्वघोषित नियम हैं, इनका पालन कीजिए।
- यदि कार्यक्रम ग्लैमर या आधुनिकता से भरा है तो आप वस्त्र चयन के लिए स्वतंत्र हैं क्योंकि **"सब कुछ चलता है।"**
- गाढ़े रंग हल्के रंगों से ज्यादा दबंग और प्रभावशाली होते हैं लेकिन यदि आप लंबे चौड़े हैं तो काले रंग से संभलकर रहें।
- उपयुक्त नाप के कपड़े पहनिए। इससे आपको उठने-बैठने और चलने में सहजता होगी। चुस्त और कसे हुए कपड़े असुविधा पैदा करते हैं।
- विशिष्ट कार्यक्रम के पूर्व ड्रेस रिहर्सल कीजिए। कपड़ों को पहनकर अपनी छवि देखिए। यदि कोई भी कमी लग रही हो तो सुधार करें।

- सलीके से पॉलिश किए हुए अच्छी क्वालिटी के ब्रांडेड जूते आपके पहनावे का अटूट हिस्सा होना चाहिए। घुटनों तक का मोजा पहनने की आदत डालें। आपका जूता और बेल्ट एक रंग का होना चाहिए।
- महिलाएं बजने वाले या बहुत ऊंची एड़ियों वाले जूतों से बचें। 2 इंच से 2½ इंच की हील पर्याप्त है।
- बालों को सलीके से बांधें। चेहरे पर गिरते बाल श्रोता की एकाग्रता को भंग करते हैं।
- आपका पर्स, आपका रूमाल, आपका ब्रीफकेस और आपका छाता इन्हें मत भूलिए। वे भी आपकी ड्रेस से मैच करते हुए होने चाहिए। एकदम पुराना या आउटडेटेड डिजाइन न हो, इन छोटी-छोटी चीजों में उपयुक्त निवेश करने से आपको बड़ा परिणाम मिलेगा।
- एक कंघी, एक माउथवाश, आपकी त्वचा को मैच करता फाउंडेशन और एक अतिरिक्त रूमाल आपकी मोबाइल किट का स्थायी हिस्सा होना चाहिए। जाने कब कहां कौन-सा अद्‌भुत अवसर सामने आए और जीवन जीने की दिशा बदल दे।

आप एपीयरेंस और पहनावे के समस्त नियम तोड़ सकते हैं बशर्ते आपने एक योजना बनाई हो या आप कोई विशिष्ट संदेश दूसरों तक पहुंचाना चाहते हों।

एक सेल्समैन वैक्यूम क्लीनर की मार्केटिंग कर रहा था। वहां काफी संख्या में महिलाएं थीं। जैसे ही सेल्समैन सामने आया महिलाओं ने नजरें झुका लीं। कहीं से आवाज आई– लोगों को पब्लिक मैनर्स ही नहीं। सेल्समैन भी हैरान था क्योंकि उसकी बातों को कोई नहीं सुन रहा था। पूरी मीटिंग असफल रही।
सेल्समैन को अंत में किसी ने धीरे से बताया कि तुम्हारे पैंट की जिप बड़े भद्दे ढंग से खुली हुई थी। अचानक ही सेल्समैन को ध्यान आया–ओह! मैं कार्यक्रम शुरू करने के ठीक पहले बाथरूम गया था। वह चुपचाप शर्मिन्दा होकर नजरें झुकाए वहां से चलता बना। ऐसा कुछ आपके साथ न हो इसलिए अपने पहनावे पर विशेष ध्यान दीजिए।

●●●

आकर्षक प्रस्तुति और सहयोगी तकनीकों का उपयोग

माइक का उपयोग कैसे करें

माइक के रचनाकार का समाज ऋणी रहेगा क्योंकि उन्होंने मानव जाति के संप्रेषण का तरीका बदल दिया। माइक की वजह से हम लाखों करोड़ों लोगों तक पहुंचकर उनके जीवन को बदलकर एक बेहतर विश्व का निर्माण करते हैं।

— लेखक

"माइक को धन्यवाद"

वक्तृत्व कला को स्थापित करने में सबसे महत्त्वपूर्ण रोल माइक का है, यदि माइक न होता तो हम कभी एक साथ हजारों लोगों तक अपनी आवाज नहीं पहुंचा पाते। सामान्य मंचों पर तीन तरह के माइक उपयोग किए जाते हैं।

1. स्टैण्ड माइक

- यह अक्सर पोडियम के साथ उपयोग किया जाता है।
- संगीत, कला और नाट्य प्रस्तुतियों में इनका सर्वाधिक उपयोग है।
- इसमें वक्ता के दोनों हाथ आजाद रहते हैं जिनका वह अभिव्यक्ति के लिए अधिकतम प्रयोग कर सकता है।
- इसमें वक्ता को एक जगह स्थिर रहना पड़ता है, ज्यादा मूवमेंट से माइक आवाज को ग्रहण नहीं कर पाता। (हानि)
- चेहरा और शरीर कुछ हद तक माइक के पीछे छुपता है। (हानि)

2. **कार्डलेस माइक**

- इसमें वक्ता चलित होता है, मंच पर और श्रोताओं के बीच कहीं भी जा सकता है।
- यह वक्ता को प्रभावशाली बनाता है।
- फील्ड या लाइव कार्यक्रमों में यह ज्यादा उपयोग में आता है।
- इसमें वक्ता का एक हाथ बंध जाता है, अभिव्यक्ति हेतु सिर्फ एक ही हाथ उपयोग में आता है। (हानि)

3. **कालर माइक/पेन माइक**

- यह वक्ता को प्रोफेशनल लुक देता है।
- सेमिनार, प्रेजेन्टेशन आदि में इसका जबरदस्त उपयोग है।
- पैरों का मूवमेंट निश्चित दूरी तक संभव है, हाथ अभिव्यक्ति हेतु पूरी तरह खुले होते हैं।
- अनचाही आवाजें भी माइक तुरंत श्रोताओं तक पहुंचा देता है, जैसे खांसना, या फुसफुसाना। अतः संभल कर इस्तेमाल करें।

माइक का उपयोग

1. माइक अपनी लंबाई के अनुसार एडजस्ट करें। यदि स्टैंड माइक हो तो बोलना शुरू करने के पहले अपनी ऊंचाई के अनुसार ऊपर या नीचे कर लें। अक्सर वक्ता माइक को बिना एडजस्ट किए बोलना शुरू कर देते हैं जिससे श्रोता समझ जाते हैं कि यह वक्ता माइक पर नया है।
2. माउथपीस को इस तरह रखें कि इसका स्तर आपके होंठ तथा ठोड़ी के मध्य में हो।
3. यह चेहरे के मध्य की सीध (Midline of Face) में हो। दाएं या बाएं होने से आवाज की गुणवत्ता प्रभावित होती है।
4. माइक को बहुत कस कर न पकड़ें।
5. **सामान्यतः 10 इंच की दूरी माउथपीस और वक्ता के होंठो के बीच होनी चाहिए। यदि आप धीमे बोलते हैं तो आप इसे 8 इंच पर रख सकते हैं। गायक विशिष्ट प्रभाव और सांसों की आवाज लाने के लिए दो से तीन इंच की दूरी पर भी रखते हैं।**

6. अक्सर वक्ता और गायक यह शिकायत करते हैं कि माइक ठीक नहीं था। आपकी प्रस्तुति श्रोताओं तक सर्वश्रेष्ठ रूप में पहुंचे इसलिए माइक से पूर्व परिचय बेहतर होगा। विभिन्न कंपनियों के माइक अलग-अलग प्रसारण क्षमता रखते हैं, उसकी जानकारी साउंड आर्टिस्ट से लेना जरूरी है।
7. माइक को बार-बार एक हाथ से दूसरे हाथ में न लें, इससे श्रोताओं की एकाग्रता भंग होती है।
8. हर व्यक्ति की आवाज एक विशिष्ट स्केल में मीठी या श्रवणीय लगती है। यदि आपको लगता है कि आपकी आवाज कर्कश है या सख्त है तो विशेष प्रयास के बाद आप उसे मीठा स्वरूप दे सकते हैं। आवाज को इस विशिष्ट स्केल में रखकर अपनी बात कहिए। अपने नजदीकी लोगों से पूछिए या रिकार्ड करके देखिए, आपको वह मीठी टोन समझ आ जाएगी।
9. स्वाभाविक, स्पष्ट और मृदु लहजे में बोलिए। चीख-चिल्लाकर बोलना नकारात्मक प्रभाव डालता है।
10. **शब्दों को लंबा खींचना, हम्ममम, आं, अरे, ओह जैसे अचानक निकल जाने वाले शब्दों को मेहनत करके रोकिए। हम अनजाने में इन शब्दों का बार-बार प्रयोग करते हैं, जो सुनने में अच्छे नहीं लगते।**
11. माइक के सामने अपना चेहरा न छुपने दें अन्यथा आपके हाव-भाव बेअसर हो जाएंगे।
12. बात पूरी होने के बाद माइक बंद कर दीजिए।

इस माइक रूपी नाग में ना तो विष है, ना ये काटता है, फिर कैसा डरना

टी.वी., वीडियो और आपकी प्रस्तुति

मीडिया और प्रचार-प्रसार के इस युग में अक्सर टी.वी. कैमरों से सामना होता है, ऐसे में–

1. टी.वी. प्रस्तुति में लाल, सफेद और काले वस्त्रों से बचें। सामान्य कैमरे इन रंगों को अच्छी तरह पेश नहीं कर पाते।
2. स्टूडियो के बैक ग्राउंड कलर की जानकारी ले लें।
3. ज्यादा चमकदार आभूषण न पहनें, इनसे रिफ्लेक्शन आता है।
4. ज्यादा आवाज़ पैदा करने वाले आभूषण न पहनें। इनसे पैदा होने वाली आवाज को माइक तुरंत कैद कर लेगा।
5. मेकअप अवश्य करें। चेहरे के साथ गर्दन, हाथ पर लगाएं। प्रकाश में मेकअप आपको प्रभावी बनाता है।
6. चश्मा जरूरी हो तो लगाएं परंतु चमकने वाली फ्रेम इस्तेमाल न करें।
7. बड़े व ज्यामितीय प्रिंट के कपड़े न पहनें तो बेहतर होगा।
8. एक अच्छा सोखने वाला रूमाल आपके पास अवश्य होना चाहिए।
9. अच्छी कंपनी का जूता एवं घुटनों तक मोजे पहनें। पुरुष अपनी टाई टाईपिन की मदद से स्थिर रखें।
10. महिलाएं लिप ग्लास और साफ्ट टोन लगाएं।
11. कैमरे के सामने अपने हाथों का मूवमेंट संयमित रखें अन्यथा बार-बार आपके हाथ लेंस की परिधि से बाहर निकल जाएंगे।
12. यदि एक से अधिक लोग एक साथ कैमरे का सामना कर रहे हैं तो कानाफूसी या एक दूसरे से बात न करें।
13. कम शब्दों में ज्यादा बात कहें।
14. मुंह में किसी भी तरह का खाद्य पदार्थ न रखें।

●●●

वक्ता और सहयोगी तकनीकें

कम समय में ज्यादा बात कहने के लिए और अपने संदेश को बेहतर रूप में पेश करने के लिए हमें विभिन्न माध्यमों का उपयोग करना पड़ता है। ये संदेश को ज्यादा प्रभावी और ग्रहण करने योग्य बनाती है। कंप्यूटर क्षेत्र में, डिजाइनिंग में, सेल्स प्रेजेन्टेशन में, ऑफिस मीटिंग में, उत्पाद लांचिंग और विपणन में, क्लाइंट को प्रभावित करने हेतु तथा किसी भी योजना की प्रस्तुति इन तकनीकों के बगैर संभव नहीं है। आप प्रोफेशनल हो या छात्र, मैनेजर हो या डीलर आपको इन तकनीकों की जानकारी होना अनिवार्य है। सहयोगी तकनीक का उपयोग क्यों और कब करें– आइये जानें

1. जब आप ऐसी बातें बतलाना चाहते हों जो महज शब्दों द्वारा संभव न हो।
2. जब आप कोई स्थान, दृश्य, उत्पाद या घटना वास्तव में दिखाना चाहते हों।
3. विविधता लाने के लिए।
4. अपनी बात को सिद्ध करने के लिए।
5. अपनी प्रस्तुति बेहतर बनाने के लिए।
6. अपना तनाव कम करने के लिए।
7. अपनी विश्वसनीयता बनाने के लिए।
8. श्रोताओं का ध्यान खींचने के लिए।

सहयोगी तकनीकों के सिर्फ फायदे ही नहीं हैं, कुछ नुकसान भी हैं

1. **ये श्रोताओं को विचलित कर सकती हैं**

यदि आप बहुत ज्यादा तकनीकों का प्रयोग करते हैं या अनुपयुक्त तकनीकों का प्रयोग करते हैं तो श्रोता भटक सकते हैं।

2. **वक्ता को विचलित कर सकती हैं**

   यदि आप तकनीकों के प्रयोग के अभ्यस्त नहीं हैं तो आपकी घबराहट श्रोता आसानी से पढ़ सकते हैं।

3. **आपकी विश्वसनीयता प्रभावित हो सकती है**

   आप कितने ही प्रतिभाशाली हों परंतु यदि आपकी प्रस्तुति अनाकर्षक, भ्रामक या अस्पष्ट है तो आपकी विश्वसनीयता पर गलत प्रभाव पड़ेगा।

4. **सहयोगी तकनीकें निर्माण में समय लेती हैं**

   इनके लिए पूर्व तैयारी की आवश्यकता होती है तथा इन्हें बनाने में समय लगता है क्योंकि ये पूरी तरह आपके लक्ष्य से जुड़ी होनी चाहिए।

5. **सहयोगी तकनीकें प्रस्तुति में समय लेती हैं**

   स्टेज पर इन्हें उपयोग करने में अतिरिक्त समय की आवश्यकता होती है। यदि आपके पास समय कम है तो तकनीकों का सोच-समझकर इस्तेमाल करें।

सहयोगी तकनीकों का पूर्ण अभ्यास और आत्मविश्वास के साथ प्रयोग करें ताकि ये आपकी प्रस्तुति को नया आयाम दे सकें। व्यापार और कार्यक्षेत्र में प्रोफेशनल छवि बनाने के लिए ये आपको सीखनी ही पड़ेगी।

सामान्य और विशिष्ट सहयोगी तकनीकें

- ❑ स्लाइड (ट्रांसपेरेंसी)
- ❑ फ्लिपचार्ट
- ❑ पोस्टर
- ❑ पैम्पलेट
- ❑ मार्कर बोर्ड
- ❑ वीडियो व आडियो टेप
- ❑ पावरप्वाइंट प्रेजेंटेशन या कंप्यूटर प्रेजेंटेशन

इनमें से कुछ पर हम इस अध्याय में चर्चा करेंगे।

1. **स्लाइड/ट्रांसपेरेंसी**

यदि श्रोता ज्यादा हो, कक्ष बड़ा हो तो फोटो या आंकड़ों को श्रोता इनकी मदद से बेहतर देख सकते हैं। ये फ्लिपचार्ट या पोस्टर की तुलना में ज्यादा प्रोफेशनल नजर आती है।

ट्रांसपेरेंसी स्लाइड से उपयोग में सरल और बेहतर है क्योंकि–

- ❑ इसे देखने के लिए कमरा डार्क/प्रकाशविहीन नहीं करना पड़ता।
- ❑ यह तुरंत बनाई या परिवर्तित की जा सकती है।
- ❑ ये कम खर्चीली है।
- ❑ इन्हें सीधे फोटो कॉपी किया जा सकता है अथवा प्रिंटर पर प्रिंट किया जा सकता है।

स्लाइड बनाने में समय ज्यादा लगता है परंतु ये ट्रांसपेरेंसी की तुलना में ज्यादा प्रभाव छोड़ती हैं। श्रोताओं को ऐसा महसूस होता है जैसे वक्ता ने प्रस्तुति के पूर्व जोरदार तैयारी की है।

स्लाइड प्रस्तुति– स्टोरी बोर्ड तकनीक

1. एक स्लाइड समस्त अध्यायों के सामूहिक शीर्षक हेतु।
2. एक स्लाइड प्रत्येक विषय के शीर्षक हेतु।
3. एक स्लाइड प्रत्येक महत्त्वपूर्ण विषय हेतु।

स्लाइड बनाते हुए इस स्टोरी बोर्ड तकनीक का उपयोग करें जिससे प्रत्येक स्लाइड अपने आप में विशिष्ट हो और विषय के साथ जुड़ी हो।

महत्त्वपूर्ण नियम

- ❑ एक प्रेजेंटेशन या विषय की सभी स्लाइड कुछ समानता लिए हो।
- ❑ हर स्लाइड पर टाइटल व नंबर होने चाहिए।
- ❑ संदेश मध्य में होना चाहिए, उपलब्ध जगह का 2/3 हिस्सा संदेश हेतु उपयोग करें।
- ❑ बड़े, मोटे और पढ़ने योग्य अक्षर हों।
- ❑ शब्द भरने की जगह ग्राफ, रेखाचित्र या इमेज का प्रयोग करें।

- सामान्य पढ़ने योग्य अक्षरों का उपयोग करें। बहुत कलात्मक शैली का चुनाव न करें।

स्लाइड और ट्रांसपेरेंसी बनाते हुए मोटे और बड़े अक्षर चुनें-

BIG IS BEAUTIFUL

कोई भी सहयोगी प्रस्तुति बनाते हुए इस सिद्धांत पर अमल करें

K - keep
I - it
S - short
S - simple

एक स्लाइड, एक आइडिया

एक स्लाइड, 4-6 लाइन

एक लाइन, 4-6 शब्द

वीडियो और ऑडियो टेप

वीडियो और ऑडियो टेप श्रोताओं को प्रभावित करने का जबरदस्त माध्यम है क्योंकि एक दृश्य हजार शब्दों के बराबर होता है। वीडियो टेप हालांकि कार्यक्रम के बीच में व्यवधान भी पैदा कर सकते हैं क्योंकि उन्हें चालू करना, सही फ्रेम में लाना, सावधानी का कार्य है। सी.डी. से यह प्रक्रिया सरल हो गई है।

आप केरल टूरिज़्म द्वारा केरल के प्रचार-प्रसार के लिए बनाई गई विज्ञापन फिल्म **गॉड्स ऑन कन्ट्री** को ध्यान से देखिए। क्या वीडियो के बिना हम केरल की सुंदरता का वर्णन कर पाते? क्या बैकवाटर, नारियल के पेड़, उफनते नाले, देवताओं के मंदिर, सुंदर समुद्र तट सिर्फ शब्दों से हम सारी दुनिया को समझा पाते?

वीडियो प्रस्तुति यदि समझदारी और तैयारी से की जाए तो अद्‌भुत प्रभाव छोड़ती है। ठीक इसी तरह यदि आपको आवाज का प्रभाव छोड़ना हो तो ऑडियो टेप अनिवार्य है। आप कहते हैं कि सुबह-सुबह कोयल गाती है तो प्यारी लगती है, यदि आप कोयल की कुहू-कुहू को ऑडियो पर प्रस्तुत करेंगे तो श्रोता उसकी मिठास को गहराई तक महसूस करेंगे। यदि आपको विशिष्ट बनना हो तो ऑडियो और वीडियो को अपना सहयोगी अवश्य बनाएं।

प्रोजेक्टर

- स्क्रीन को श्रोताओं से 45^0 कोण पर रखें।
- जब तक आपका नेत्र संपर्क श्रोताओं से ना हो तब तक मत बोलिए।
- हाथ फैलाकर स्क्रीन पर इशारा करने की बजाय प्वाइंटर का इस्तेमाल करें।
- प्रोजेक्टर के पास न खड़े हों, अनजाने में आप दर्शकों और परदे के बीच बाधा बन सकते हैं।

कंप्यूटर आधारित प्रस्तुति

- अपनी फ्लापी या सी.डी. उच्च गुणवत्ता की बनाएं।
- हमेशा एक अतिरिक्त कॉपी बना कर रखें।
- पूर्व में ही आयोजकों से जानकारी ले लें कि वे कौन-सा उपकरण इस्तेमाल करेंगे। कभी-कभी आपकी किट और उनकी किट में सामंजस्य (Compatibilty) नहीं हो पाता।
- अपने साथ एक सहायक रखें जिसे यह जानकारी हो कि किस बात के साथ-साथ आप स्क्रीन पर कौन-सी सामग्री चाहेंगे।

फ्लिपचार्ट

फ्लिपचार्ट एक सहज, सस्ता और कारगर हथियार है सफल वक्ताओं के लिए। हम पहले से इसे तैयार करके रख सकते हैं या आवश्यकता पड़ने पर तुरंत बना सकते हैं। यह वक्ताओं के बीच अत्यंत लोकप्रिय तकनीक है क्योंकि इसमें अनेक प्रकार के परिवर्तन संभव हैं तथा बहुत कम खर्च आता है।

फ्लिपचार्ट का उपयोग करने के रोचक तरीके

श्रोताओं के बीच कुछ लोगों को पहले से ही तैनात कर दें। वे आपके निर्देशों के अनुसार भाषण के बीच में फ्लिपचार्ट हाथों में लेकर पूरे हॉल में घूमेंगे। यदि रहस्य बनाना हो तो फ्लिपचार्ट अपनी ओर घुमा कर रखें। जब उपयोग करना हो तभी सामने लाएं। यदि आप चाहते हैं कि कोई बात स्थायी रूप से श्रोताओं के दिमाग में बस जाए तो एक आकर्षक चार्ट स्टेज पर कार्यक्रम की शुरुआत से ही स्थायी रूप से लगा दें।

फ्लिपचार्ट बनाते हुए रंग का विशेष ध्यान रखें

- नीला, हरा और काला सबसे ज्यादा उभर कर दिखते हैं।
- पूरे चार्ट को लाल रंग से कभी ना बनाएं।
- छोटे आकार के शब्दों के लिए चटक रंग लें।
- बड़े आंकड़ों, चित्र या तथ्यों के लिए हलके रंग लें।

ग्रेग ब्रेंडी की एक पुस्तक में मैंने रंगों और भावनाओं का संबंध पढ़ा। मैं चार्ट बनाते हुए उसकी मूल भावना के अनुसार रंग उपयोग करता हूं।
लाल–कठोर, खतरनाक, गर्म, रुक जाओ
गाढ़ा नीला–स्थायी, विश्वास योग्य, शांत
हलका नीला–जिंदादिल, सौम्य
हरा–स्वास्थ्य, नवजीवन, प्रकृति
केसरिया/पीला–स्वागत, मंगल, ऊर्जावान
काला–लाभदायक, गंभीर, भारी, अंत

यदि आप रंगविज्ञान में विश्वास करते हैं तो अपनी पावरप्वाइंट स्लाइड्स और चार्ट्स में रंगों का उद्देश्य के अनुसार उपयोग करें।

●●●

जीतना हो तो श्रोताओं को शामिल कीजिए

यदि आप एक अच्छे वक्ता हैं और आप चाहते हैं कि लोग आपकी प्रस्तुति को याद रखें तो आपको स्वयं में विशिष्टता लानी होगी। सुपर वक्ता की तरह सब कुछ खुद करने की बजाय श्रोताओं की अधिकतम भागीदारी सुनिश्चित कीजिए। श्रोताओं को कार्यक्रम का क्रियाशील हिस्सा बनाइए। श्रोता को किसी भी रूप में मंच पर लाइए। उसके फायदे ही फायदे हैं–

- वह श्रोता आपका विशेष प्रशंसक और प्रचारक बनेगा।
- श्रोता जानना चाहता है कि आखिर मंच पर कैसा महसूस होता है।
- यह भय उन्हें कार्यक्रम से जोड़े रखता है कि उन्हें मंच पर कभी भी बुलाया जा सकता है।
- श्रोता भी मन ही मन चाहता है कि भीड़ के बीच लोग उसे पहचाने। इसलिए श्रोता की साझेदारी बढ़ाने के लिए प्रयास करते रहें।

कैसे बुलाएं

- श्रोता एक कार्यकर्ता के रूप में शामिल होगा।
  चार्ट, बैनर या प्राप के उपयोग में आपकी मदद हेतु।
- एक प्रतियोगी के रूप में साथ देगा।
  कोई रोल प्ले या दायित्व हेतु।
- किसी सवाल के जवाब के रूप में उदाहरण बनने हेतु।

उदाहरण : आप मंच से कहिए कि क्या श्रोताओं के बीच कोई ऐसा व्यक्ति है जिसने विमान उड़ाया हो या कोई ऐसा व्यक्ति है जिसने कभी किसी मुसीबत में फंसे हुए व्यक्ति की मदद की हो और उसके लिए वीरता का पुरस्कार मिला हो।

इसके जवाब में जो व्यक्ति उठेगा वह दर्शकों का प्रतिनिधित्व करेगा। सबकी आंखों में उसके लिए प्रशंसा के भाव होंगे और उसकी आंखों में जीत की चमक। इस घटना की गूंज काफी दिनों तक श्रोताओं के बीच बनी रहेगी।

इसी तरह कार्यक्रम के अनुसार आप अलग-अलग सवाल कर सकते हैं। यदि आप सिर्फ एक वक्ता के रूप में आमंत्रित किए गए हैं और आपको सीमित समय दिया गया है तो श्रोताओं को मंच पर बुलाकर कार्यक्रम का स्वरूप बिगाड़ने का दुस्साहस न करें। पोडियम या माइक स्टेंड पर खड़े होकर दिए गए औपचारिक भाषणों में श्रोताओं की क्रियात्मक भागीदारी कम या नगण्य होती है।

श्रोताओं से तालियां बजाने को कहिए, अपनी बात के समर्थन या विरोध में हाथ उठवाइए। किसी भी रूप में श्रोता यदि आपके कार्यक्रम और आपके संबोधन का हिस्सा बन जाते हैं तो उनके ऊबने के तमाम रास्ते बंद हो जाएंगे।

यदि आप श्रोता को खुद से नहीं जोड़ पाए तो आप कितने भी बेहतरीन वक्ता क्यों न हों, कुछ देर बाद असफल हो जाएंगे।

अक्सर मैं अपने प्रशिक्षण कार्यक्रमों में श्रोताओं से कहता हूं– *अपना दायां हाथ ऊपर उठाइए, हथेली को पीठ की ओर मोड़िए और अपने हाथों से अपनी पीठ तीन बार थपथपाइए क्योंकि आप इस दुनिया के उन चंद लोगों में से हैं जो स्वयं को बदलकर विजेता बनाना चाहते हैं।*

अपनी पीठ थपथपाते हुए उनके चेहरों पर हास्य के साथ उपलब्धि के भाव भी नजर आते हैं।

कुछ कार्यक्रमों में मंच पर एक अतिरिक्त कुर्सी रखता हूं। यदि कोई प्रतिभागी उत्साह से अपना कार्य कर रहा है या बेहतरीन श्रोता होने का परिचय दे रहा है तो उसे हमारी टीम सम्मान देती है। उसे 'स्पेशल पर्सन ऑफ द मोमेंट' बनाया जाता है और कुछ मिनटों के लिए मंच पर उस विशेष कुर्सी पर बिठाया जाता है। यह देखकर दूसरे प्रतिभागी भी सार्थक योगदान देने लगते हैं ताकि उन्हें भी मंच पर स्थान मिल सके।

आप भी ऐसे छोटे-छोटे तरीकों से श्रोताओं में कार्यक्रम और वक्ता के प्रति आकर्षण पैदा कर सकते हैं।

●●●

अंतरराष्ट्रीय श्रोता और आप

पब्लिक स्पीकिंग के तीन नियम हैं-
प्रथम- आप अपने भाषण में गहरे उतर जाइये।
द्वितीय- अपने भाषण को अपने अंदर गहरे उतार लीजिये।
तृतीय- अपने विषय को श्रोताओं के अंदर गहरे उतार दीजिये।

— अलेक्जेंडर ग्रेग

दुनिया के विभिन्न देशों में अलग-अलग संस्कृति और सभ्यता है, इस वजह से जीवन जीने की शैलियों में काफी फर्क है। यदि आप किसी दूसरे देश में अपनी बात कहने जा रहे हैं या आपके भाषण को विदेशी श्रोता भी सुन रहे हैं तो कुछ विशेष बातों पर ध्यान दें-

- आयोजकों से पूरे कार्यक्रम की और समय की पूर्व जानकारी लें।
- वहां के सामान्य शिष्टाचार के नियमों की जानकारी लें।
- वहां की प्रचलित भाषा के कुछ शब्द और उनके सही उच्चारण की जानकारी लें।

हैलो! नमस्कार, कैसे हैं आप, आपका देश महान है, मैं बहुत खुशनसीब हूं और अलविदा जैसे सामान्य शब्दों को उस देश में किस तरह बोला जाता है, यह समझकर अपने भाषण में उपयोग करें। यकीन मानिए, तालियां और प्रसिद्धि बिल्कुल तय है।

- वहां के प्रचलित हाव-भाव और उनके अर्थ अच्छी तरह समझ लें। यह संभव है कि आपके देश में प्रचलित अभिवादन का तरीका उनके देश में अपमानजनक या अश्लील माना जाता हो, ऐसे में आप मुसीबत में पड़ सकते हैं। जैसे–
  भारत में हाथ जोड़कर नमस्ते कहते हैं, जापान में कमर तक झुककर और यूरोप में चुंबन लेकर अभिवादन करते हैं। अतः ध्यान दें। जैसे मध्यपूर्व या लैटिन अमेरिकी देशों में बात करते हुए लोग एकदम समीप खड़े होते हैं और वहीं अमेरिका और एशिया में थोड़ी दूरी रखते हैं। यदि हम एशिया जितनी दूरी उन देशों के नागरिकों के साथ रखेंगे तो वह सामने वाले का अपमान माना जाएगा।
- उस देश में प्रचलित पहनावा या अंतरराष्ट्रीय तौर तरीकों के अनुसार वस्त्रों का चयन बेहतर होगा। उन श्रोताओं के लिए आप बिल्कुल नए होंगे, अतः वे छोटी-छोटी बातों पर गौर करके आपके बारे में अपनी प्रथम राय बनाएंगे। यदि कोई ड्रेस कोड है तो अवश्य पालन कीजिए।
- यदि आप किसी देश की भाषा के अच्छे जानकार नहीं हैं तो भाषणों को जीवंत बनाने के लिए चित्र, फोटो, वीडियो और कार्टून बेहतर सिद्ध होंगे। बात कहने के लिए आपको बहुत कम शब्दों का इस्तेमाल करना होगा और श्रोता स्वतः ही समझ जाएंगे।
- **कापीराइट और पेटेंट का विशेष ध्यान रखें। किसी दूसरे कंपनी के उत्पाद के बारे में कुछ कहने से पहले और दूसरे की एड क्लिप, डिजाइन आदि प्रयोग में लेने के पहले कापीराइट एक्ट अवश्य समझ लीजिए नहीं तो जीवन भर की कमाई क्षण भर में जा सकती है।**
- धर्मनिरपेक्ष रहिए। किसी भाषा, धर्म या सम्प्रदाय को आहत करने वाली बातें कभी मत कहिए।
- अपनी बात सशक्त रूप से रखने के बाद बार-बार अपने देश की प्रशंसा करने की जगह दिल बड़ा करके विश्वस्तरीय बातें कीजिए। उस देश और जीवनशैली का गुणगान कीजिए।

- ग्लोबलाइजेशन, सर्वधर्म, मानवता आदि पर विस्तृत नजरिया पेश करें।

उस देश, उनकी संस्कृति और जीवनशैली के बारे में जानकारियां आपको निम्न से प्राप्त होंगी–

- पुस्तकों से,
- इंटरनेट से
- उस देश के दूतावास से
- उस देश के नागरिक से
- आपके परिचित जो पूर्व में कभी वहां गए हों।

यदि आपको उस देश की भाषा का ज्ञान न हो और आप दुभाषिए का उपयोग कर रहें हों तो ध्यान रखें–

- बात धीमी गति से कहें।
- शायरी और कविता का उपयोग सोच समझकर करें क्योंकि भाषा बदलने से उसकी रचना बदल जाती है।
- चुटकुलों का बेहद सावधानी से प्रयोग करें, वह असफल प्रयास भी हो सकता है।
- दुभाषिए के शब्द ज्ञान को अच्छी तरह परख लें।

•••

अवसर लूटिए

यदि आप महान बनना चाहते हैं तो आपको अवसरों का लाभ उठाने के साथ-साथ अवसर का निर्माण करना भी सीखना होगा।

— लेखक

लोग कहते हैं **अवसर जरूर मिलेगा, प्रतीक्षा कीजिए।** कुछ कहते हैं **अवसर हाथ से न जाने दीजिए,** मैं आपसे कहता हूं **कोई इंतजार या प्रतीक्षा नहीं, आगे बढ़िए और अवसर लूट लीजिए।** सफलता उन्हें मिलती है जो आगे बढ़कर चुनौतियां हाथ में लेते हैं। अपने आस पास ध्यान से देखिए क्या आपके समाज या ऑफिस में कोई ऐसा कार्यक्रम होने जा रहा है जिसमें भीड़ के बीच दो क्षण बोलने का मौका आपको मिल सके।

यदि आपका सामाजिक दायरा विस्तृत नहीं है तो लायंस इंटरनेशनल, जेसीस या रोटरी इंटरनेशनल जैसी संस्थाओं से जुड़ जाइए जहां आपको रोज बोलने के अवसर मिलेंगे। वस्तुतः जेसीस युवाओं का एक व्यक्तित्व विकास संगठन है। वह आपके व्यक्तित्व को बहुआयामी बना सकता है। वहां आपको प्रभावी भाषण के साथ-साथ सफल बातचीत, समय प्रबंधन, नेतृत्व और सकारात्मक सोच जैसी चीजें भी सीखने को मिलेगी।

और जल्दी शुरुआत करना चाहें तो अपने मित्रों और परिवारजनों का एक मिलन समारोह कर लें जिसके आप मंच संचालक हों। यदि आज और अभी शुरुआत करना चाहते हैं तो अपनी पत्नी से या पति से

निवेदन करके जीवन का प्रथम भाषण आज ही सुना दीजिए। मैं आपसे कहता हूं कि जीवन के एक क्षण का भी ठिकाना नहीं, इसलिए अपनी कुर्सी पर बैठकर अवसर आने का इंतजार मत कीजिए। आगे बढ़िए, मौके लूट लीजिए और यदि मौका न हो तो खुद अवसर बना लीजिए। इसके कई फायदे हैं।

प्रथमः जीवन में आपके और सफलता के बीच की दूरी आज से ही कम होनी शुरू हो जाएगी।

द्वितीयः आपके आत्मविश्वास को देखकर आपको वक्ता के रूप में भी अवसर मिलने शुरू हो जाएंगे।

तृतीयः हर एक प्रस्तुति के बाद आप ज्यादा प्रभावी और परिपक्व होते चले जाएंगे।

●●●

समय सबसे अनमोल

कम शब्दों से, कम समय में ज्यादा अभिव्यक्त करना एक कला है, यह जन्मजात नहीं होती, उत्कृष्ट कला सिर्फ अभ्यास और अनुभव से सीखी जा सकती है।

— लेखक

यदि आपको अपनी बात रखने के लिए पूरा दिन दिया गया है तो आपको बहुत कम तैयारी करनी है, यदि आपको 1-2 घंटे का समय मिला है तो आपको अच्छी तैयारी करनी है और यदि आपको सिर्फ 10 मिनट का समय दिया गया है तो जबरदस्त तैयारी करनी होगी।

"कम समय में कम शब्दों में प्रभावशाली ढंग से ज्यादा बातें कहना एक कला है जो अभ्यास से जन्म लेती है।"

हमेशा पूर्व जानकारी लीजिए कि आपको अपनी बात कहने के लिए कितना समय दिया गया है। उसी के अनुसार तैयारी करें। बड़े-बड़े वक्ताओं को मैंने समय पर नियंत्रण न रख पाने के कारण असफल होते देखा है।

श्रोताओं के मूड के अनुसार अपना समय कम या ज्यादा करने की तैयारी रखें। एक कार्यक्रम जिसमें बहुत से वक्ता हों वहां यदि आपका नाम अंतिम क्रम पर है तो आप मान लीजिए कि श्रोताओं के सुनने की क्षमता कम हो चुकी है और आपको अपनी बात संक्षेप में कहनी होगी।

मैं ऐसे समय पर मंच पर पहुंचते ही श्रोताओं की तकलीफ से खुद को जोड़ते हुए कहता हूं "लगातार आप तीन घंटे से वक्ताओं की बात गंभीरतापूर्वक धैर्य के साथ सुन रहे हैं और उनका उत्साह भी बढ़ा रहे हैं। मैं आपकी तकलीफ समझ सकता हूं इसलिए घड़ी देखकर सिर्फ 10 मिनट में मैं अपनी बात कहूंगा और महत्त्वपूर्ण तथ्यों को आपकी जानकारी में लाकर विदा लूंगा। मुझे विश्वास है कि 10 मिनट आप मेरा दिल से साथ देंगे।"

श्रोता अगले 10 मिनट और ज्यादा सतर्क होकर बात सुनते हैं। मुझसे जुड़ाव भी महसूस करते हैं क्योंकि मैंने उनकी तकलीफों को समझने का प्रयास किया।

ध्यान दें

- ❑ अपना भाषण तैयार करने के बाद घड़ी देखकर अभ्यास करें, जिससे आप अंदाजा लगा सकें कि आप ज्यादा समय तो नहीं ले रहे हैं।
- ❑ **कम समय में बहुत सारे तथ्य बताने की बजाय सिर्फ दो या तीन मुख्य बिंदुओं पर अपनी बात केंद्रित रखें। तथ्य ग्रहण करने की हर मस्तिष्क की एक सीमा होती है इसलिए सूचनाओं से श्रोता के दिमाग को ओवरलोड न करें।**
- ❑ जब बात कम समय में कहनी हो तो भूमिका बनाने में ज्यादा वक्त खराब न करें। आदरणीय और सम्माननीय की लंबी लिस्ट बनाने की बजाय मुख्य बिन्दु पर आकर श्रोताओं को अपेक्षित जानकारी दें।
- ❑ भूलकर भी कभी अपनी बात जरूरत से ज्यादा लंबी करके दूसरे वक्ताओं का समय न चुराएं।

एक प्रख्यात भाषण विशेषज्ञ अपने कार्यक्रम में भाषण और समय का संबंध समझा रहे थे। उन्होंने पानी से भरा एक गिलास उठाया और छात्रों से पूछा–इस पानी भरे गिलास में कितना वजन है? छात्रों ने अलग-अलग उत्तर दिया।

विशेषज्ञ ने कहा ये कोई खास बात नहीं कि इस ग्लास का अभी वजन क्या है। यह इस बात पर निर्भर करता है कि आप कितनी देर तक इसे उठाए रखते हैं। यदि आप इसे पांच मिनट तक उठाए रखते हैं तो इसका वजन साधारण है। यदि आप इसे पांच घंटे उठाए रखते हैं तो आपका हाथ दुखने लगेगा और यदि आप पूरे दिन उठाए रखेंगे तो आपको अस्पताल में भर्ती होने की नौबत आएगी।

इसी तरह यदि आपने सीमित समय में भाषण दिया तो श्रोता स्वीकार करेंगे। यदि आपने लंबा भाषण दिया तो चाहे वह कितना ही रोचक क्यों न हो, श्रोता आपका साथ छोड़ देंगे। भाषण और समय सीमा का महत्त्वपूर्ण संबंध है।

●●●

समय के अनुसार भाषण की रूपरेखा

इस उदाहरण के माध्यम से मैं आपको एक सामान्य भाषण में समय का वितरण और तथ्यों के क्रम की जानकारी दे रहा हूं। भाषण और कार्यक्रम के अनुसार आप इसमें आवश्यकतानुसार परिवर्तन कर सकते हैं।

उदाहरण : भाषण की अवधि - 10 मिनट

विषय : **शाकाहार सर्वश्रेष्ठ आहार**

भाषण का स्वरूप		**विषय वस्तु**	**समय सीमा**
प्रारंभ शुरुआत	परिचय	कहानी, घटना, मार्मिक संस्मरण, सूक्ति आदि।	**100-200 शब्द, 1-2 मिनट**
	विषय	आज का विचारणीय विषय है– शाकाहार सर्वश्रेष्ठ आहार है।	
	विषय संकल्पना	चिकित्सा विज्ञान के अनुसार शाकाहार सर्वश्रेष्ठ आहार है।	
मध्य	तथ्य-1	शाकाहार से लाभ	**600-800 शब्द, 6-7 मिनट**
	तथ्य-2	मांसाहार से हानि	
	तथ्य-3	मानवता और जीव हत्या	
	तकनीक	वीडियो-ऑडियो का उपयोग	
अंत समापन		संक्षिप्त सारांश मांसाहार छोड़िए, जोरदार अपील धन्यवाद	**100-200 शब्द, 1-2 मिनट**

●●●

क्या आपके आस-पास कोई नकारात्मक व्यक्ति है?

सिर्फ भाषण ही नहीं बल्कि किसी भी क्षेत्र में नकारात्मक और असफलतावादी लोगों से दूर रहिए। क्या आपने कभी सोचा है कि यह माइक, भीड़ और मंच का डर कहां से पैदा होता है?

हमारे अपने मित्र और परिजन जो स्वयं यह नहीं कर पाए या असफल रहे, वे हमारे भीतर यह भय अनजाने में भर देते हैं। इसके विपरीत यदि आप आत्मविश्वास से भरे सफल वक्ताओं से बात करेंगे तो वे आपको प्रोत्साहित करेंगे और आपको जीतने की मानसिकता देंगे। वे आपको रोकेंगे नहीं वरन् सफलता के नए रास्ते बताएंगे।

परिवार में, मित्र मंडली या कार्यक्षेत्र में कोई न कोई ऐसा निंदक या आलोचक जरूर होगा जो आपके मन में हर नयी चुनौती के साथ ही असफलता का डर पैदा करता होगा। ऐसे लोगों को पहचानिए और इनसे दूर हो जाइए। असफलतावादी और नकारात्मक लोग नयी योजनाओं और विचारों को पोषण मिलने के पहले ही खत्म कर देते हैं।

इन नकारात्मक लोगों को बदलने का प्रयास मत कीजिए क्योंकि आप दुनिया बदलने नहीं निकले हैं सिर्फ इन्हें अपने शुभचिंतकों की लिस्ट से निकाल बाहर करिए।

नकारात्मक विचारधारा वाले लोगों का साथ जघन्यतम अपराध है

ऐसे कुछ लोगों को अपने आसपास रखिए मैं आपको गारंटी देता हूं कि आप जीवन भर एक सामान्य व्यक्ति बने रहेंगे। कभी विशिष्ट नहीं हो पाएंगे। भाषण में सफलता और असफलता तो दूर की बात है, ये आपको इतना डरा देंगे कि आपको भाषण में हिस्सा ही नहीं लेने देंगे। सफल बनना है तो सफल लोगों के साथ रहिए, उन्हें मित्र बनाइए और उनका अनुसरण कीजिए।

●●●

प्रश्न-उत्तर सत्र का सामना कैसे करें

अधिकांश वक्ता प्रश्नोत्तर सत्र से भयभीत रहते हैं। विषय का अच्छा ज्ञान होने के बावजूद एक अनजान कठिन प्रश्न की आशंका से वक्ता ग्रस्त रहते हैं।

परंतु मैं अपने अनुभव के आधार पर आपसे कहता हूँ कि यदि आप प्रश्नोत्तर के मूलभूत सिद्धांतों पर चले तो यह सत्र आपकी छवि में और निखार ला सकता है।

चाहे आप एक विक्रय प्रस्तुति दे रहें हो, प्रशिक्षण या शिक्षण दे रहें हों, किसी नयी योजना या उत्पाद का प्रचार कर रहे हों, सामाजिक कार्यकर्ता हों, हर क्षेत्र में आपको प्रश्नों का सामना करना पड़ेगा। प्रश्नोत्तर सत्र से बचना संभव नहीं है अतः बेहतर है कि सामना किया जाए।

प्रश्नोत्तर सत्र के कई फायदे हैं-

1. प्रश्नों के जवाब देते हुए आप अपने संदेश या आइडिया को आधार दे सकते हैं।
2. आप श्रोताओं की गलतफहमियां या अपूर्ण ज्ञान को दूर कर सकते हैं जिससे वो आपकी बात को बेहतर तरीके से समझ सकेंगे।
3. प्रश्न पूछते ही श्रोता आपके कार्यक्रम का सक्रिय हिस्सा बन जाते हैं और रुचि लेने लगते हैं।
4. एक व्यक्ति के प्रश्न से बहुत से व्यक्तियों की शंका का समाधान हो जाता है।
5. आपको अपनी विद्वता साबित करने का अतिरिक्त समय मिल जाता है।

प्रश्नोत्तर सत्र का सामना कैसे करें-

1. प्रश्नों के लिए तैयार रहें

संभावित प्रश्न सोचने का प्रयास करें। कैसे-कैसे सवाल सामने आ सकते हैं, यह जानने के लिए मित्रों, परिजनों या संबंधित विशेषज्ञों की मदद लें। कार्यक्रम के तिथि या आसपास की विशिष्ट घटनाओं की जानकारी रखें।

2. प्रश्नोत्तर सत्र की पूर्व जानकारी दीजिए

अपने श्रोताओं को प्रस्तुति की शुरुआत में ही बता दीजिए कि एक प्रश्नोत्तर सत्र अंत में आयोजित होगा। यदि कार्यक्रम में कोई सूत्रधार या एंकर है तो वह भी इस प्रश्नोत्तर सत्र के बारे में बताकर श्रोताओं को मानसिक रुप से तैयार कर सकता है। इससे श्रोता ज्यादा संख्या में प्रश्न पूछेंगे क्योंकि उनको प्रश्न तैयार करने हेतु अतिरिक्त समय मिलेगा।

3. उत्तर देते हुए नेत्र संपर्क बनाइये

तीन बातों का ध्यान रखिए

प्रथम- प्रश्न करने वाले की ओर देखिए

द्वितीय- उत्तर प्रारंभ करते ही दूसरे सभी श्रोताओं की ओर नजर घुमाइये जैसे कि उत्तर सबके लिए हो। सिर्फ प्रश्न करने वाले व्यक्ति की ओर देखेंगे तो वह व्यक्तिगत संवाद का रुप ले लेगा।

तृतीय- सहमति वाचक मुद्रा में सिर हिलाते हुए उत्तर के अंत में पुनः प्रश्न करने वाले की ओर देखिए।

4. प्रश्न को पुनः दोहराइए

यदि श्रोताओं की संख्या ज्यादा है तो प्रश्नकर्ता की ओर देखते हुए तेज आवाज में प्रश्न को दोहराइए इससे अन्य श्रोताओं को भी प्रश्न समझ में आ सकेगा। इससे आपको उत्तर सोचने में मदद मिलेगी। यदि बुद्धिमान वक्ता है तो प्रश्न के शब्दों में आंशिक परिवर्तन करके उसे अनुकूल बना सकता है।

5. यदि प्रश्न का उत्तर न आता हो तो गलत उत्तर देने का या गोलमोल बातें करने का प्रयास न करें, साहस दिखाकर अज्ञानता स्वीकारें क्योंकि किसी भी व्यक्ति को सारे प्रश्नों के उत्तर मालूम नहीं हो सकते।

●●●

जेसीस, लायंस और रोटरी

जेसीस, लायंस और रोटरी जैसी संस्थाएं आपको बोलने के हजारों अवसर प्रदान करती हैं। नए मित्र बनाने और व्यक्तित्व का विकास करने के अद्वितीय अवसर देती है।

स्वागत भाषण और धन्यवाद भाषण से प्रारंभ करके आपको गंभीर विषयों पर विचार प्रकट करने के मौके मिलते हैं और साथ ही सकारात्मक श्रोताओं की भीड़ आपका मनोबल बढ़ाती है।

व्यक्तित्व विकास के लिए जेसीस एक विशिष्ट विश्वव्यापी संगठन है। प्रभावी भाषण, प्रभावी बातचीत, समय प्रबंध, मानव संबंध, नेतृत्व जैसे विषयों पर युवा यहां गहन प्रशिक्षण प्राप्त करते हैं। मैं व्यक्तिगत रूप से ऐसे बहुत से लोगों को जानता हूं जिन्हें जीवन में पहले कभी मंच पर बोलने का अवसर नहीं मिला था और उनमें हीनभावना भरी थी परंतु प्रशिक्षण के बाद आज वे अच्छे वक्ता के रूप में जाने जाते हैं। स्वयं के विकास के लिए मेरी नजर में यह सर्वश्रेष्ठ संस्था है। मेरी विकसित सोच और आत्मविश्वास में जेसीज का काफी योगदान है।

यदि आपकी रुचि समाजसेवा में है तो लायंस और रोटरी से जुड़िए। पीड़ितों और दीन-दुखियों की सेवा से जो आत्मसंतुष्टि प्राप्त होती है, वो अतुलनीय है। इनकी शाखाएं संपूर्ण विश्व में है और मानवता की सेवा में इन्होंने मिसाल कायम की है।

यहां प्रथम दिन से ही आपको सामाजिक मंच, सांस्कृतिक मंच, मित्रों से बातचीत, योजना बनाना, परिचितों और अपरिचितों से संवाद की कला, वैश्विक सोच और नेतृत्व गुण पैदा करने के अनमोल अवसर मिलेंगे।

मन का भय निकालना हो, आत्मविश्वास पैदा करना हो तो आज ही ऐसी किसी संस्था से जुड़ जाइए और मान सम्मान और प्रसिद्धि का दरवाजा खोलिए। ये संस्थाएं बाहें फैलाए ऊर्जावान मित्रों का इंतजार कर रही है।

●●●

विशिष्ट अवसरों हेतु भाषणः एक झलक

विशिष्ट अवसरों पर दिए जाने वाले संबोधनों के विशिष्ट तरीके होते हैं। हम संक्षिप्त में कुछ विशिष्ट भाषणों की रूपरेखा पर चर्चा करेंगे।

स्वागत भाषण

- आकर्षक शुरुआत चुनिए (शायरी, कहावत, उपलब्धि)।
- उस व्यक्ति, समूह या संस्था के बारे में बताइए जो स्वागत करने जा रही है।
- उस व्यक्ति समूह या संस्था के बारे में बताइए जिसका स्वागत होने वाला है।
- औपचारिक स्वागत कीजिए।
- प्रभावी अंत कीजिए।

लक्ष्य केन्द्रित भाषण

- ध्यानाकर्षक शुरुआत (तथ्य, कहानी, शायरी, अभिवादन)।
- श्रोताओं की प्रशंसा कीजिए, उपलब्धियों का जिक्र कीजिए।
- सारगर्भित तथ्यों से उन्हें प्रेरित कीजिए।
- ऐसी बातें कीजिए जिस पर उनका जवाब "हां" हों।
- उनके हित की बात करते हुए अपना उद्देश्य (अपने हित की बात) सामने रखिए। भावनाएं डालिए।
- अंत चुनिए (अपील, वादा, कार्ययोजना)।

परिचय भाषण

- शुरुआत चुनिए (उपलब्धि, शायरी, स्वागत, अभिवादन)।
- अवसर या दिन की महत्ता बतलाइए।
- जिसका परिचय देने जा रहे हों, उनकी विशेषताएं और उपलब्धियां बताइए।
- नाम बताते हुए रहस्य खोलिए।
- आमंत्रित कीजिए।

विजेता का भाषण

- विनम्र और सहज शुरुआत चुनिए
- आमंत्रण हेतु संस्था और व्यक्ति को धन्यवाद।
- सफलता का श्रेय दूसरों को दीजिए।
- उनके नाम लीजिए, टीम भावना दिखाइए।
- पराजित लोगों की प्रशंसा कीजिए।
- सहयोगियों को धन्यवाद दीजिए।
- दूसरों हेतु प्रेरणादायक अंत (अपील, कहानी, योजना)।

धन्यवाद भाषण

- शुरुआत चुनिए।
- कार्यक्रम के मुख्य बिंदु का अति संक्षिप्त में दोहराव।
- अतिथियों का धन्यवाद।
- स्थल/प्रायोजक/विशिष्ट सुविधा हेतु धन्यवाद।
- फिर मिलने का वादा।
- अंत चुनिए।

●●●

अभ्यांस और मुख्य प्रस्तुति के शानदार नियम

- भाषण के पूर्व अभ्यास
- आपकी बारी कब आएगी
- आज भाषण का दिन है

भाषण के पूर्व अभ्यास के सरल तरीके

> जिस प्रकार युद्ध में उतरने के पहले सैनिक हथियार को साफ करता है और हथियार की क्षमता का निरीक्षण करता है एवं लकड़हारा लकड़ी काटने से ज्यादा समय कुल्हाड़ी को धारदार बनाने में लगाता है उसी प्रकार सफल वक्ता भाषण के पूर्व लगन से अभ्यास करता है और इसी से विजय सुनिश्चित होती है।
>
> — लेखक

अब आप एक अच्छा भाषण लिख चुके हैं। यदि आप एक नए वक्ता हैं तो आपने शुरुआत, मध्य और अंत के हिस्सों को डिजाइन कर लिया है।

- आपको भाषण के लिए जितना समय आबंटित है आपकी सामग्री भी लगभग इतनी ही है। अतिरिक्त सामग्री अपने रिकार्ड में रख लें, भविष्य में काम आएगी।
- भाषण की तिथि से कुछ दिन पहले अभ्यास शुरू करें। आपको गलतियां सुधारने के काफी मौके मिलेंगे साथ ही आप अपने रोजमर्रा के कार्यों में भी ध्यान लगा पाएंगे।
- अपने भाषण को विस्तार से लिख लें। भाषण पूरा उसी तरह लिखें जैसा आप मंच पर देना चाहते हैं।
- भाषण को बोलकर अभ्यास करें, मन ही मन में नहीं। आपका कमरा आपका मंच है और आपके मित्र और परिवार के सदस्य श्रोता हैं।

- शुरुआत में अपने हाव-भाव पर नहीं, सिर्फ भाषण पर ध्यान दें और हर बार संपूर्ण बोलकर रिहर्सल करें।

अपनी आवाज को रिकार्ड करें और निम्न पर गौर करें–

(1) उच्चारण स्पष्ट है या नहीं। यदि नहीं है तो सुधार करें।

(2) आवाज में उतार-चढ़ाव है या एक सुर में बोले जा रहे हैं।

(3) बहुत जल्दबाजी में तो नहीं बोल रहे हैं क्योंकि श्रोता एक्सप्रेस ट्रेनों की तरह बोले गए भाषणों को ठीक से ग्रहण नहीं कर पाते।

(4) बहुत जोर से या तेज आवाज में तो नहीं बोल रहे हैं।

जो भी गलतियां अभ्यास के दौरान आप करेंगे, वह भविष्य में स्वत: ही दोबारा नहीं होगी। हर अभ्यास आपका तनाव कम करेगा।

पाकेट कार्ड

- भाषण के लगभग 3-4 दिन पहले छोटे पॉकेट कार्ड बनाइए। ये कार्ड लगभग 3×5 इंच के बनाए जाते हैं ताकि आपकी हथेली में फिट हो सके।
- इन पॉकेट कार्ड की क्रम से नंबरिंग कर लें।
- मोटे-मोटे अक्षरों में आप इन पर मुख्य बिन्दु क्रम से लिख लें।
- यदि आप कुछ भूल गए तो ये पॉकेट कार्ड संकटमोचक का रोल निभाते हैं।
- यदि आपको शीर्षक याद आते गए तो पूरा भाषण आप धारा प्रवाह बोल पाएंगे।
- आप चाहें तो इन काड्र्स पर मुख्य बिन्दु के साथ उपबिन्दु भी लिख सकते हैं।
- भाषण के 3-4 दिन पहले से पूरा अभ्यास पॉकेट कार्ड से करें।

हाव-भाव का अभ्यास

- नए वक्ताओं को मेरी सलाह है कि स्वाभाविक रहने का प्रयास करें।
- दिल से भाषण दें, हाव-भाव स्वयं स्पष्ट होंगे।
- हाव-भाव बनाने के चक्कर में हम कृत्रिम लगने लगते हैं।

- शीशे के सामने अभ्यास अधिक न करें।
- सिर्फ और सिर्फ सहज रहें।

आधुनिक तकनीकें

- ओवरहेड प्रोजेक्टर, स्लाइड प्रोजेक्टर, एल.सी.डी. यदि इनमें से कोई भी तकनीक आप उपयोग में ला रहे हैं तो इनसे पूर्व परिचय कर लें।
- अपनी सी.डी., फ्लापी और स्लाइड्स की अच्छी तरह से जांच कर के क्रम से जमा लीजिए।
- आयोजकों से पता कर लें कि वह कौन-सा उपकरण इस्तेमाल कर रहे हैं, वहां सिस्टम ऑपरेटर की व्यवस्था है या आप स्वयं करेंगे।
- ऐसा न हो कि आपकी तकनीक और वहां उपलब्ध उपकरण आपस में एडजस्ट न हों।

भाषण के एक दिन पूर्व

- पॉकेट कार्ड का उपयोग करते हुए भाषण की फाइनल रिहर्सल करें।
- अभ्यास ऐसे करें जैसे कि सैकड़ों श्रोता आपको सुन रहे हैं और आप एक प्रखर वक्ता हैं।
- यदि आपके पास खुद का विडियो कैमरा है या व्यवस्था संभव है तो एक बार वीडियो पर अपनी प्रस्तुति देखें। सुधार स्वयं हो जाएगा।
- इतना सब करने के बाद आप 70% जंग जीत चुके हैं और आपकी अच्छी प्रस्तुति निश्चित है।
- अभ्यास की वे कड़ियां आपको कुछ लंबी जरूर लग रही होंगी लेकिन शुरुआत में ये अनिवार्य हैं। जैसे-जैसे आपका अनुभव बढ़ेगा अभ्यास संक्षिप्त होता जाएगा।

•••

आपकी बारी कितने बजे आएगी?

प्रभावी भाषण और संबोधन की सफलता में कुछ हद तक कार्यक्रम के समय का भी योगदान होता है।

यदि एक सुबह का कार्यक्रम है और पहला वक्ता सुबह 7 बजे से 8.30 बजे बीच अपनी बात कहने जा रहा है तो उसे ठहाकों की उम्मीद नहीं रखनी चाहिए। सुबह महत्त्वपूर्ण तथ्यों और प्रेरक प्रसंगों का समय होता है जिन्हें श्रोता लंबे समय तक मस्तिष्क में रखता है। सुबह नाश्ते के बाद से खाने के समय तक आप श्रोताओं के चेहरे पर हास्य, दुख और आश्चर्य सभी भावनाएं बहुतायत में देख सकते हैं। यह भाषण देने का अच्छा समय होता है। इस वक्त दिमाग की ग्रहण करने की शक्ति तीव्र होती है।

दोपहर के खाने (लंच) के बाद जो श्रोताओं को गुदगुदा दे और जोरदार ता।लियां बजाने पर मजबूर कर दें, उन्हें अच्छा वक्ता मान लीजिए। इस वक्त श्रोताओं के मस्तिष्क की ग्रहण करने की क्षमता एकदम नगण्य हो जाती है। शरीर में आलस्य भरने लगता है। यह हास्य का समय होता है क्योंकि शिथिल श्रोता सूचना ग्रहण करने का प्रयास ही नहीं करता। ऐसा कार्यक्रम जो काफी लंबे समय से चल रहा है और श्रोता लगातार बैठे हैं, वहां अंतिम क्रग के वक्ताओं को श्रोता की ठंडी प्रतिक्रिया मिलती है। अंतिम क्रम के वक्ताओं को बेहतरीन बातों पर भी श्रोताओं की तालियां नहीं मिलती लेकिन इससे वक्ता को निराश नहीं होना चाहिए।

कभी-कभी इसके विपरीत श्रोता भी आपको मिल सकते हैं जो एकदम सुबह भी ठहाकों से हॉल को गुंजा दे। यदि आपका क्रम बोझिल समय में है तो रोचक चुटकुले, प्राप या अन्य हास्य तकनीकों का उपयोग कीजिए।

आप श्रोताओं की भागीदारी बढ़ाकर या कोई छोटा-सा खेल खेलकर सबकी ऊर्जा को वापस खुद पर केंद्रित कर सकते हैं। आप श्रोताओं के हाव-भाव को देखते हुए अपनी शैली में परिवर्तन लाते रहिए। श्रोता यदि बोझिल है तो उत्तेजना का करंट पैदा कीजिए। यदि श्रोता ऊर्जा से भरे हैं और पूर्ण जागृत हैं तो गूढ़ तथ्य, आंकड़े और गंभीर विश्लेषण कहने का समय है।

●●●

आज भाषण का दिन है

आज वह दिन है जब आप एक महत्त्वपूर्ण संबोधन (Speech) दे रहे हैं या आप पहली मीटिंग संचालित कर रहे हैं। आपने अच्छे से लिखकर, बोलकर उसकी रिहर्सल की है। पहली रात को आपने एक अच्छी नींद भी ली है।

आज की सुबह

- आज अपने आप पर विशेष ध्यान दें।
- अपने लिए बेहतरीन कपड़े चुने जिससे आप विशेष दिखें। कपड़े माहौल और कार्यक्रम के अनुकूल हो। अच्छी एसेसरीज उपयोग करें।
- हलका व्यायाम या योग करके रिलेक्स करें।

अब कार्यक्रम का समय

- समय से पहले पहुंच कर जानकारी ले लीजिए कि कार्यक्रम में या आपके क्रम में कोई परिवर्तन तो नहीं है।
- यदि स्लाइड्स या वीडियो का प्रयोग कर रहे हैं तो उनकी जांच कर लें।
- अपनी बारी के पूर्व अन्य वक्ताओं की बात सुनें। हो सकता है जो आप कहने जा रहे हो वह बात दूसरे वक्ता कह दें और आपको अपने वक्तव्य में थोड़ा परिवर्तन करना पड़े।
- बीच-बीच में नोट्स ले लें ताकि जिनकी नजरें आपको देख रही है, उन्हें पता चले आप कितने गंभीर हैं। यदि आप मंच पर हो तो किसी भी प्रकार की शारीरिक हरकत, डकार या उबासी लेते हुए सावधानी रखें क्योंकि जनसमुदाय आपको देख रहा है।

- अपनी कुर्सी पर सहजता से बैठे, दोनों पैर जमीन पर हो ओर तनावमुक्त नजर आए।

अब आपकी बारी है

- जब आपका नाम पुकारा जाए, बिना हड़बड़ाए धीरे से एक सहज मुस्कान के साथ अपने स्थान से उठे।
- आपका अनबोला भाषण आपकी कुर्सी से उठते ही शुरू हो गया है क्योंकि सबकी नजरें आपकी ओर है।
- लोगों की तालियां खत्म होने के बाद एक क्षण रुकें, यदि पॉकेट कार्ड हो तो बिना शोरगुल के धीमे से निकाले और अपने सामने ले लें।
- होठों पर मुस्कान के साथ माइक से पर्याप्त दूरी रखें।
- पैरों के बीच लगभग 10 से 12 इंच की दूरी रखें।

हाव-भाव और संबोधन

- शरीर को अपनी भाषा कहने दें। कृत्रिम हाव-भाव न बनाएं।
- आंखों का संपर्क श्रोताओं से बनाए।
- हाथों को अभिव्यक्ति के लिए इस्तेमाल करें।
- यदि आप नए वक्ता हैं तो सिर्फ भाषण पर ध्यान दें और आवाज को नियंत्रित करें। यदि भाषण ठीक है तो शरीर की भाषा भी स्वत: ठीक होगी।
- विरामों का उपयोग करते हुए महत्त्वपूर्ण शब्दों पर दबाव लाइए। आवाज में उतार-चढ़ाव लाते हुए श्रोताओं को प्रभावित कीजिए।
- भाषण का एक स्पष्ट अंत करें जिससे श्रोता तालियां बजा सके।

वक्तव्य के बाद

- सबकी नजरें आप पर हैं क्योंकि आपने एक जबरदस्त भाषण दिया है।
- जो भी बधाई दे, मुस्कान के साथ स्वीकार कीजिए।
- यदि भाषण के दौरान कोई त्रुटि हो गई है तो भी सहज रहें। वह जीवन का आखिरी मौका नहीं था। सफाई देने का प्रयास न करें।

●●●

नए वक्ता एक बर्गर की तरह भाषण फटाफट बनाएं
(Five Minute Recipe)

अनुभवी वक्ता

यदि आप भाषण कला में विशेषज्ञ बनना चाहते हैं तो इस पुस्तक में दिए गए प्रत्येक अध्याय को गंभीरता से पढ़कर शानदार भाषण बनाइए। हाव-भाव, आवाज, शब्दों पर दबाव, विराम जैसे गुणों को अभ्यास से पैदा कीजिए। अपनी खुद की शैली बनाइए। जीत आपकी होगी।

बातचीत
(Conversation)

प्रभावी वक्ता से प्रभावी वार्तालापकार

- बातचीत एक Skill
- 6 Dangerous "C"
- लोक व्यवहार के अनमोल शब्द
- बातचीत से लोकप्रिय होने के 21 सिद्धांत
- बातचीत में बॉडी लैंग्वेज

बातचीत

S	**Supportive Talker**
K	**Knowledgeable individual**
I	**Intelligent questioner**
L	**Logical Summarizer**
L	**Lovely Listener**

S SUPPORTIVE TALKER

बातचीत में सहयोगी व प्रोत्साहन देने वाला

बातचीत के दौरान दूसरे को बोलने का मौका देना और बातचीत के लिए प्रोत्साहित करना एक सफल वक्ता की निशानी है। उसे यह महसूस होना चाहिए कि आप सहयोगी हैं, विरोधी नहीं। उसे यह विश्वास हो जाना चाहिए कि आप ही वह व्यक्ति हैं जिसे वह मित्र या व्यापार में साथी बनाना चाहता है। जब तक आप किसी को बात करने के लिए प्रोत्साहित नहीं करेंगे तब तक आप उसके बारे में जान नहीं पाएंगे। बातचीत कभी एकतरफा नहीं हो सकती, उसके लिए दोनों पक्षों की पूर्ण सहभागिता आवश्यक है। विभिन्न कंपनियां अपने सर्वे में उपभोक्ता को यह बोलने के लिए प्रोत्साहित करती है कि उसकी क्या अपेक्षाएं हैं। जब श्रोता आश्वस्त होकर अपने मन की अपेक्षा बतलाता है तब कंपनियां उम्मीदों पर खरे उतरने वाले उत्पादों को बाजार में उतार पाती है। हम ऐसे व्यक्तियों से मिलने से कतराते हैं जिनके साथ हमें

बोलने का अवसर नहीं मिलता, पूरे समय वे ही बोलते रहते हैं। इसलिए आप दूसरों को बोलने के लिए प्रोत्साहित कीजिए, उनके मौलिक विचारों को बाहर आने दीजिए।

K KNOWLEDGEABLE INDIVIDUAL

ज्ञानी या शिक्षित व्यक्ति

जिस भी विषय के बारे में आप बात कर रहे हैं उसका आपको ज्ञान होना चाहिए। यदि आप विषय से अनभिज्ञ हैं तो दूसरे व्यक्ति से सीखने का नजरिया रखिए। बातचीत तभी आगे बढ़ती है जब दोनों पक्षों की ओर से विचारों का आदान-प्रदान होता है। बातचीत समान मानसिक स्तर वाले व्यक्तियों में ज्यादा बेहतर होती है। इसलिए कहा जाता है कि यदि सीखना हो तो अपने आपसे बेहतर व्यक्ति से बात करो, यदि खुश रहना हो तो अपनी बराबर के पद और बुद्धि वाले व्यक्ति से बात करो और यदि घमंड पैदा करना है तो अपने से छोटे मानसिक स्तर वालों से बात करो। विज्ञान और सोच इतनी तेजी से बदल रही है कि आपको हर क्षण ज्ञान प्राप्त करते रहना होगा तभी आपसे बातचीत करके दूसरा व्यक्ति भी प्रसन्नता महसूस करेगा। वह व्यक्ति सबको पसंद आता है जो नए रास्ते बताता है, विवेक और धैर्य से सवालों के जवाब ढूंढ़ने में मदद करता है और जिसे विभिन्न विषयों की जानकारी होती है।

"व्यवसाय में यदि आप एक रुपया किसी को देते हैं और वह भी आपको एक रुपया देता है तो अंत में दोनों के पास एक ही रुपया रहता है वहीं ज्ञानी व्यक्ति जब एक विचार दूसरे को देता है और वह भी एक विचार लौटाता है तो अंत में दोनों के पास दो-दो विचार होते हैं, सिर्फ ज्ञान ही इस तरह से गुणा होता है।"

– लेखक

I INTELLIGENT QUESTIONER

बुद्धिमान प्रश्नकर्ता

प्रश्न करना बातचीत का अहम पहलू है।

- यदि आपको दूसरे व्यक्ति को विश्वास दिलाना है कि आप उसमें रुचि ले रहे हैं तो प्रश्न कीजिए।
- यदि आपको कोई बात उगलवानी है तो प्रश्न कीजिए।
- यदि आपको मन:स्थिति समझनी है तो प्रश्न कीजिए।
- यदि आपको अपनी बात पर उससे हां कहलवाना है तो प्रश्न कीजिए।
- यदि आपको उसकी अपेक्षाएं या समस्याएं जाननी है तो प्रश्न कीजिए।

बातचीत में प्रश्न स्पष्ट और नियमित अंतराल में होने चाहिए। यदि आपको जवाब हां में चाहिए तो आपके सवाल ऐसे होने चाहिए जो हां बोलने की मानसिकता पैदा करे।

यदि आपको कोई रहस्य उगलवाना हो तो सामने वाले को यह कभी नहीं लगना चाहिए कि आप उससे कुछ जानना चाह रहे हैं। जैसे–

तुम यह कार क्यों खरीदना चाहते हो (सामान्य प्रश्न)
एक अच्छी कार में तुम्हारे अनुसार क्या होना चाहिए (बेहतर प्रश्न)

अस्पष्ट सवालों के जवाब से आपका अगले सवाल में एक स्पष्ट जवाब मिल जाता है अन्यथा दूसरा व्यक्ति सही जवाब देने की बजाय आपके इरादे को पहचानने में लग जाता है।

प्रश्न बिल्कुल स्पष्ट और सीधा होना चाहिए। जैसे–

क्या मैं आपकी मदद कर सकता हूं (सामान्य प्रश्न)
मैं आपकी किस तरह से मदद कर सकता हूं (विशिष्ट प्रश्न)

"प्रश्न पूछना और मनचाहा उत्तर पाना, यह एक बहुत बड़ी कला है, जिस पर पोथियां लिखी जा सकती हैं।"

– लेखक

एक ही प्रश्न में अलग-अलग प्रश्न गुंथे हुए नहीं होना चाहिए बल्कि सीधे और छोटे प्रश्न होने चाहिए। एक प्रश्न एक ही मुद्दे से जुड़ा होना चाहिए। एक ही प्रश्न में कई मुद्दे नहीं आने चाहिए। प्रश्न ऐसा हो कि उत्तर स्वयं पैदा हो। जैसे एपाइंटमेंट लेने के लिए–

मैं कब आऊं, सर (सामान्य प्रश्न)
सर, आपको सोमवार सूट करेगा या बुधवार (विशिष्ट प्रश्न)

उत्तर देने वाले के मुंह से स्वयं ही सोमवार या बुधवार निकल जाएगा।

यदि आप योजनाबद्ध तरीके से प्रश्न तैयार करेंगे तो आपको बातचीत में सफलता हासिल करते देर नहीं लगेगी। अपने बर्थ डे पर अभिज्ञान ने पापा से पूछा–पापा आप मुझे गिटार दिलाएंगे या टेनिस रैकेट।

उसके बेहतरीन प्रश्न ने पापा के पास हां या नहीं कहने का कोई रास्ता नहीं छोड़ा। उसने अपने पापा को टेनिस रैकेट या गिटार में से कोई एक चुनने पर मजबूर कर दिया। यदि आप विशिष्ट शैली में प्रश्न करेंगे तो मनचाहे उत्तर प्राप्त कर सकेंगे। प्रश्न हमेशा छोटे और विशिष्ट होने चाहिए।

L LOGICAL START & END
तार्किक शुरुआत और अंत

किसी भी बातचीत को शुरू करना बहुत भारी कार्य माना जाता है। इसे आइस ब्रेकिंग कहते हैं अर्थात अज्ञात की सीमाएं तोड़कर ज्ञात में आना। कभी-कभी घंटों लोग ट्रेन में आमने-सामने की बर्थ में बैठे होते हैं और दूसरे द्वारा बात शुरू किए जाने का इंतजार करते हैं, कोई भी आगे बढ़कर पहल नहीं करता। वहीं कभी-कभी मिनटों में दुनिया भर की बातें शुरू हो जाती हैं। बातचीत शुरू करना भी एक कला है। इसमें सहज बनकर पहल करें और बात आगे बढ़ाने वाले सवाल पूछे। शुरुआत करने के लिए आप बहुत से सवाल पूछ सकते हैं जैसे–

- व्यवसाय या कार्यक्षेत्र के बारे में
- शहर के बारे में

- राजनीति, शिक्षा आदि पर सामान्य बातचीत
- परिवार के बारे में
- उस दिन की हेडलाइन के बारे में

बातचीत थोड़ा आगे बढ़ने के बाद खुद ही गति पकड़ लेती है, सिर्फ शुरुआत करने का साहस करें और तरीका सीखें।

जितना महत्त्वपूर्ण बातचीत शुरू करना है उतना ही महत्त्वपूर्ण है बातचीत का अंत करना और उसे सारांश में समाप्त करके अपने उद्देश्य की प्राप्ति करना।

यदि आप किसी विशिष्ट उद्देश्य को लेकर बात कर रहे हैं तो पुनः मूल मुद्दे पर आकर जो मुख्य निर्णय हो, उसको फिर से स्थापित कीजिए।

यदि आपकी किसी नए व्यक्ति से मुलाकात हुई है तो अंत में विजिटिंग कार्ड का आदान-प्रदान कीजिए।

यदि आप किसी बिजनेस या संस्थागत बातचीत को समाप्त कर रहे हैं तो अगली मीटिंग का समय, स्थल और चर्चा का मुद्दा तय कीजिए।

बातचीत का अंत बेहद महत्त्वपूर्ण होता है क्योंकि आगे की रूपरेखा यहीं तय होती है।

L LOVELY LISTENER
प्यारे श्रोता

यह तत्त्व लगभग व्यवहार से गायब हो चुका है। प्यारे और सच्चे श्रोता आजकल ढूंढ़े से भी नहीं मिलते। हर व्यक्ति के पास कहने को तो सब कुछ होता है परंतु सुनने के लिए धैर्य नहीं होता।

बातचीत में भी लोग लगातार अपना नजरिया और पहलू बताते हैं, अपनी डींगें हांकते हैं या अपना दुखड़ा रोते हैं जबकि सच्चाई यह है कि पसंद वे लोग किए जाते हैं जो ज्यादा सुनते और कम बोलते हैं।

यदि आपको सच्चे मित्र बनाने हैं समाज या राजनीति में ऊंचें पदों पर जाना है, रिश्तेदारों में नाम कमाना है तो सुनना सीखिए। भले कृत्रिम ही सही पर ऐसा श्रोता बनिए जो दूसरे का कहा सुनकर खुशी भी जाहिर करता है, दूसरों की बातों से दुखी भी होता है और समझ न आने पर सवाल भी पूछता है। यह लोकप्रिय होने का सबसे सरल-फार्मूला है।

सुनने के नियम याद रखें

- ❑ सारा व्यवधान हटा दें।
- ❑ बीच में हस्तक्षेप न करें।
- ❑ पूरी बात सुनें।
- ❑ बीच-बीच में प्रश्न पूछ लें।
- ❑ अपनी शारीरिक भाषा को सहयोगी रखें।
- ❑ सहानुभूति व समझदारी का परिचय दें।

"रेमंड कहते हैं यदि श्रोता इसी तरह कम होते रहें तो कुछ सालों बाद वक्ताओं की जगह श्रोताओं को पारिश्रमिक दिया जाएगा।"

●●●

छह खतरनाक 'C'

शोध कहते हैं संवाद में 33 प्रतिशत रोल बोलने का और 67 प्रतिशत रोल सुनने का होता है, यदि हम दो कानों और एक मुंह की सोचें तो शायद प्रकृति भी यही चाहती थी कि हम जितना बोले उससे दुगुना सुनें।

— लेखक

निंदा मत करो (Don't Criticize)

बिना आवश्यकता किसी की निन्दा मत करो। यदि करनी भी हो तो प्रशंसा या प्रोत्साहन के बीच में करो। यदि निंदा बहुत जरूरी है तो व्यक्ति की बजाय कार्य की करो।

विवाद मत करो (Don't Confront)

विवाद से हमेशा हम मित्रों, नौकरी और प्रतिष्ठा को खोते हैं, पाते नहीं। विवाद करने वाले बहुत अलोकप्रिय हो जाते हैं। उन्हें लोग अपनी टीम या मित्र मंडली में शामिल नहीं करना चाहते।

शिकायत मत करो (Don't Complain)

जो जैसा है उसे उसकी कमियों के साथ स्वीकार करें। हर जगह व्यक्ति, वस्तु या सिस्टम की निंदा मत करो। शिकायती व्यक्ति कभी लोकप्रिय नहीं होते। कमियों और गलतियों को नजरअंदाज करने की आदत

बनाओ। यदि गलतियां देखनी है तो खुद से शुरू करो।

समझौता मत करो (Don't Compromise)

अपने सिद्धांतों और मूल्यों के साथ इतना समझौता मत करो कि मन में बोझ पैदा हो जाए। यदि आप पर किसी गलत बात या गलत व्यक्ति का लगातार दबाव है तो उसे बता देना या दूर रहना बेहतर होगा। यदि किसी काम को नहीं करना चाहते तो स्पष्ट रूप से नहीं कहिए या मना कीजिए।

नियंत्रण का प्रयास मत करो (Don't Control)

दूसरों को भी बोलने और अभिव्यक्त करने का मौका दो। यदि आप हर बातचीत को जीतना या दूसरे व्यक्ति को नियंत्रण में रखना चाहेंगे तो आप ना सफल व्यक्ति बनेंगे और ना ही सफल वक्ता। परिवार में अक्सर इसी कारण विवाद पैदा होता है। कुछ सदस्यों को इतना दबा कर रखा जाता है कि वो अपनी भावनाएं बांट नहीं पाते और फिर एक दिन दूसरों पर फट पड़ते हैं। यदि आप बातचीत और तर्कों से हर बार दूसरों पर नियंत्रण रखने या उन्हें दबाने की प्रवृत्ति रखेंगे तो आप बहुत जल्द ही अलोकप्रिय होंगे।

राय/गॉसिप संभलकर (Don't Comment)

अक्सर हम किसी भी व्यक्ति के बारे में अपनी राय या नजरिया बिना सोचे समझे किसी और को अपना शुभचिंतक समझकर बता देते हैं। 100 में से 99 बार शुभचिंतक आपकी राय सामने वाले व्यक्ति तक पहुंचाता देते हैं और आपको जवाब देना मुश्किल हो जाता है। हमारे द्वारा किया गया छोटा-सा गॉसिप भी क्या स्वरूप लेगा, हम नहीं जानते, अतः किसी भी बात पर अनावश्यक राय न दें।

●●●

लोकव्यवहार में लोकप्रिय बनाने वाले अनमोल शब्द

7 शब्द	ये मेरी गलती है, मुझे माफ कीजिए।
6 शब्द	आपसे मिलकर मुझे बेहद खुशी हुई।
5 शब्द	आपने बेहतरीन काम किया है।
4 शब्द	आपकी राय क्या है?
3 शब्द	कैसे हैं आप?
2 शब्द	आपको धन्यवाद
1 शब्द	हम

इनका जितना ज्यादा आप उपयोग करेंगे, उतनी ही ज्यादा लोकप्रियता और सफलता प्राप्त करेंगे।

सबसे महत्त्वहीन शब्द "मैं"

बातचीत से लोकप्रिय होने के 21 सिद्धांत

कैसे बनें प्रभावी वक्ता से प्रभावी वार्तालापकार

सब यह चाहते हैं परिवार, मित्र और समाज के बीच लोकप्रिय हों। हो सकता है आपको लंबे समय तक मंच पर जाने की, समूह को संबोधित करने की या ऑफिस में प्रेजेंटेशन देने की जरूरत न पड़े लेकिन बातचीत के बिना तो जीवन की कल्पना असंभव है। **क्या दुनिया में ऐसा कोई व्यक्ति है जिसे सामान्य बातचीत न करनी पड़ती हो।** मित्रों में एक अच्छे इंसान के रूप में पहचान हेतु वार्तालाप कला अहम है। कई लोग दिल के बुरे नहीं होते परन्तु कड़वी बात करने की वजह से अलोकप्रिय होते हैं और तरक्की के अवसर खो देते हैं। मुझे लगता है कि भाषण से ज्यादा आवश्यक बातचीत के नियम सीखना है।

21 नियम जो आपका जीवन बदल देंगे

1. क्या चुभने वाली बातें कहना जरूरी है?

यदि आप किसी को पसंद नहीं करते और वे आपको समूह में मिल जाएं तो उसके साथ भी सामान्य शिष्टाचार के नियमों का पालन करें। अनावश्यक रूप से चुभने वाले कटाक्ष न करें, उपेक्षा न करें। एक बार सोचिए क्या वाकई जरूरी है कटाक्ष या व्यंग्य?

2. क्या आप दूसरों में रुचि लेते हैं?

जो भी आपसे बातचीत कर रहा है उनके मन में यह इच्छा रहती है कि आप उनकी बातों पर ध्यान दें। यदि आप सिर्फ अपनी कहना चाहते हैं तो बात आगे नहीं बढ़ेगी। बातचीत के दौरान सामान्य प्रतिक्रिया जैसे 'अच्छा, बहुत बढ़िया, कब से' आदि बीच-बीच में कहने से सामने वाले को लगता है कि आप उसमें रुचि ले रहे हैं। ये बहुत छोटी-सी सलाह है पर एक बार अमल करके देखिए।

3. क्या आप हमेशा जीतने का प्रयास करते हैं?

अक्सर जो चतुर होते हैं वो हर वार्तालाप को जंग के रूप में लेते हैं और जीतना चाहते हैं। उन्हें सामने वाले को हरा कर, उनकी बात काट कर एक अजीब-सा सुकून मिलता है लेकिन ऐसे लोग समाज में बहुत ही अलोकप्रिय होते हैं। बातचीत को प्रतिष्ठा और जीत-हार का प्रश्न न बनाएं।

4. क्या आप दूसरों की सहज प्रशंसा कर पाते हैं?

यदि किसी की कोई बात आपको अच्छी लग रही हो तो बिल्कुल सहज और कम शब्दों में प्रशंसा करें। याद रखें, सच्ची प्रशंसा व्यक्ति कभी नहीं भूल पाता। अधिकांशतः झूठी प्रशंसा या मक्खनबाजी पकड़ में आ जाती है अतः इससे बचें।

प्रशंसा थोड़ी विशिष्टता लिए हुए करें जैसे–

खाना बहुत अच्छा बना है परंतु यह कचौड़ी एकदम खास है, इतनी अच्छी कचौड़ी बहुत दिनों बाद खाने को मिली।

"खाना अच्छा" यह सामान्य प्रशंसा है जो सदैव औपचारिकता में भी की जाती है परंतु "कचौड़ी खास है" यह लाइन उन्हें हमेशा याद रहेगी। प्रशंसा में चाटुकारिता और मक्खनबाजी का इस्तेमाल न करें और बात को बढ़ाए-चढ़ाए बिना कहें।

5. क्या सचमुच निंदा जरूरी है?

बातचीत में चतुर वह होता है जो बिना मांगे राय नहीं देता। बिना आवश्यकता निंदा नहीं करता। यदि कोई घटना आपसे संबंध न रखती हो तो उसकी निंदा न करें। एक बात याद रखें, यह कतई आवश्यक नहीं होता कि हम निंदा करें। निंदा से हमेशा हम लोगों को खोते हैं, पाते नहीं। हो सकता है लोग जबरदस्ती आपके सामने मामला उठाकर निंदा के रूप में राय लेना चाहे परंतु ऐसी स्थिति में अस्पष्ट सा जवाब देकर बच जाएं।

जितनी निन्दा और गॉसिप कम करेंगे,
उतने ही मधुर और लंबे संबंध बनेंगे।

6. क्या आप मुस्करा कर सबसे मिलते हैं?

ईश्वर ने दुनिया की सबसे महंगी चीज इंसान को मुफ्त में दी है "मुस्कान" जिसमें हम बड़ी कंजूसी करते हैं। हमेशा एक मीठी मुस्कान ओढ़े रहिए, देखिए संबंध और मित्र किस तेजी से बढ़ते हैं। आप एक मुस्कराते हुए और प्रसन्नचित्त व्यक्ति के रूप में प्रसिद्ध होते जाएंगे। मुस्कराहट से आपका तनाव भी कम होगा।

जिस लिफ्ट में आप रोज चढ़ते हो, उस लिफ्टमैन को, आपके ऑफिस के चौकीदार को या सुबह भ्रमण पर जाते हुए जो चेहरे आपको रोज दिखते हों उन्हें आज से मुस्कराकर देखिए और उनके व्यवहार के परिवर्तन को महसूस कीजिए, आप चकित हो जाएंगे।

7. क्या आप दूसरों के नाम याद रखते हैं?

व्यक्ति को हमेशा अपने नाम से बहुत मोह रहता है। यदि आप किसी प्रसिद्ध व्यक्ति से सिर्फ एक बार मिले हैं और आपने अपना परिचय उन्हें दिया है। कुछ दिनों बाद वो अचानक आपको कहीं मिलते हैं और उन्हें आपका नाम याद

रहता है तो आपका मन खुश हो जाता है... अरे इन्हें मेरा नाम याद है। नाम में हर व्यक्ति की खुशी छिपी है। नाम की महिमा अद्भुत है। दुनिया में जितने ज्यादा आप नाम याद रखेंगे उतने ही मित्र बढ़ेंगे।

8. क्या आप बार-बार वही बातें दोहराते हैं?

कई लोगों को एक ही बात बार-बार दोहराने की आदत होती है, जिससे सुनने वाला अपना धैर्य खो बैठता है। अपनी बात को संक्षिप्त में, एक बार में, पूर्ण प्रभाव के साथ कहना चाहिए। हर किसी के पास समय कम है, अतः उसी बात को बार-बार अलग-अलग रूपों में दोहरा कर अपना और सामने वाले का समय नष्ट न कीजिए। मौखिक परीक्षाओं में और समूह चर्चा में बातों का दोहराव करने पर नकारात्मक अंक दिए जाते हैं। यदि समय कम है तो पूर्ण तैयारी कीजिए ताकि बातें दोहरा कर आप समय नष्ट न करें।

9. क्या आपके मुंह से दुर्गंध आती है?

आपने कभी किसी भाषण कला की पुस्तक में ऐसा सवाल नहीं पढ़ा होगा लेकिन ये असाधारण महत्त्व रखता है।

मैं एक डेंटिस्ट हूं और मैं जानता हूं कि मुंह से दुर्गंध आपको किस कदर नुकसान पहुंचा सकती है। आप एक महत्त्वपूर्ण बात किसी के करीब बैठकर कहते हैं लेकिन वो आपकी बात नहीं सुन पाता क्योंकि आपके मुंह से आ रही बदबू उसे विचलित कर देती है।

मेरे पास मरीज आते हैं और कहते हैं कि मेरे मित्र मेरे पास नहीं बैठना चाहते, सहकर्मी मुझसे कटते हैं। मैं बात करता हूं तो सब दूसरी ओर मुंह करके सुनते है। यहां तक कि वैवाहिक संबंधों में मुंह की दुर्गंध से खटास आ जाती है। यह एक विकराल सामाजिक समस्या है और इसका दुखद पहलू यह है कि यदि हम किसी से कह दें कि उसके मुंह

से दुर्गंध आती है तो नाराज होने की पूरी संभावना है। इसलिए हर 6 महीने में दंत चिकित्सक से दांतों की सफाई करवाइए और हमेशा एक सुगन्धित माउथवाश का इस्तेमाल कीजिए ताकि आप किसी के कितने भी करीब जाकर अपनी बात कहें, वो आपकी बात सुने।

10. क्या आप कट्टरवादी लहजे में बात करते हैं

कट्टरवादी व्यक्ति समय और काल के अनुसार ही बात करते हैं, सबको अलग दृष्टि से देखते हैं। "सारे अधिकारी रिश्वतखोर हैं" कहने की बजाय यह कहना ठीक होगा कि "बहुत से अधिकारी रिश्वत लेते हैं" **सभी** और **हमेशा** जैसे शब्दों से बचें। इनकी जगह **कुछ, बहुत सारे, कभी-कभी** जैसे शब्द बेहतर होते हैं। सिर्फ एक दो शब्दों की वजह से होने वाले भीषण विवादों से बचिए।

11. क्या आप बार-बार कान में फुसफुसाते हैं?

यदि आप एक समूह में हैं तो बार-बार किसी एक व्यक्ति के कान में न बोले, दूसरों को बुरा लग सकता है। पब्लिक मैनर्स में इसे सबसे बुरी आदतों में एक माना गया है। सामने बैठे व्यक्ति को लगता है कि आप उसकी आलोचना कर रहे हैं और बिना कारण ही विवाद का जन्म हो जाता है।

12. क्या आप "मैं" शब्द का ज्यादा इस्तेमाल करते हैं?

कई लोगों की आदत होती है कि वो सारी दुनिया को लेकर अपने में समेट लेते हैं। मैंने सोचा, मैंने कहा, मैं तो पहले से जानता था, मैं तो हमेशा कहता था आदि शब्दों से बचें। दूसरों को भी सांस लेने की जगह दें।

"यह मैं आपको अलोकप्रिय और विवादित बनाने का मुख्य कारण बन सकता है। अपने मैं को हम में बदलिए।"

13. क्या आप हमेशा दूसरों को झूठा सिद्ध कर देते हैं?

अक्सर बातचीत में कुछ लोग अतिश्योक्ति कर जाते हैं, थोड़ा बड़ा बनने के चक्कर में झूठ बोल जाते हैं। आप कभी भी लोगों को झूठा सिद्ध न करें जब तक वो झूठ आपको नुकसान न पहुंचा रहे हों। आप स्वयं झूठ न बोलें और हल्के-फुल्के झूठ सहन करने की आदत डालें।

14. क्या आप हर बात पर "हां" कह देते हैं?

जो बात आपको पसंद न हो या जो काम आप नहीं करना चाहते हो उसके लिए स्पष्ट होकर विनम्रता से नहीं कहें। यस मैन बनने का प्रयास न करें। हर बात में हां में हां मिलाने वालों की सामाजिक प्रतिष्ठा कम होती है और वो चाटुकार कहलाने लगते हैं। आप लोगों को हां तो कह देते हैं परन्तु बाद में अपने वादे पूरे नहीं कर पाते जिससे आपकी गैर जिम्मेदार व्यक्ति की छवि बनती है। जो काम नहीं कर सकते या आपका मन जिस कार्य हेतु सहमत नहीं है, उसे उसी वक्त अस्वीकार कर देने से आपकी छवि एक स्पष्टवादी और दृढ़ व्यक्ति की बनती है।

15. क्या आपकी जिम्मेदार व्यक्ति की छवि है?

अपनी कही हुई बातों की जिम्मेदारी लीजिए। यदि आपने किसी से कहा कि "मैं आपको दस बजे अमुक जगह में मिलूंगा" और आप नहीं जा रहे हैं तो सामने वालों को पूर्व में ही सूचना दीजिए या नहीं पहुंच पाने के लिए क्षमा मांगिए। दूसरों के समय की कीमत समझिए। इससे आपकी बोली, आपके जबान की कीमत बढ़ेगी और सामने वाले को असुविधा नहीं होगी।

अपनी एक जिम्मेदार व्यक्ति की छवि बनाइए ताकि दूसरे पूर्ण विश्वास से आपको महत्त्वपूर्ण जिम्मेदारियों हेतु चुन सकें।

16. क्या आप ज्यादा बोलते हैं और कम सुनते हैं?

ईश्वर ने आपको एक मुंह और दो कान इसलिए दिए हैं कि आप जितना बोलें उससे दुगुना सुनें। ज्यादा बड़बड़ाने वाले लोग अपना प्रभाव जल्दी खो देते हैं। ज्यादा बोलना अपने सब रहस्य खोलने के समान होता है। ऐसे लोगों पर कोई विश्वास नहीं करता और ना ही इनकी बात कोई गंभीरता से सुने। **मौन रहने से मूर्ख भी विद्वान की श्रेणी में आ जाते हैं।**

17. क्या आप बढ़ा-चढ़ा कर बातें कहते हैं?

कई लोगों को इतना बढ़ा-चढ़ा कर बोलने की आदत होती है कि वो तुरंत पकड़े जाते हैं और लोग भले ही मुंह पर निंदा न करें परंतु पीठ पीछे वो सबसे बड़े मजाक के पात्र बनते हैं। जितना आपके पास हो, उतना ही बखान करें। सोचिए, क्या वाकई बढ़ा-चढ़ा कर बोलना या फेंकना जरूरी है?

18. क्या आप बात-बात पर हंसते हैं?

कई लोग हर बार वार्तालाप में हास्य का पुट पैदा करने की कोशिश करते हैं, बिना बात जोक्स सुनाते हैं। उनकी एक मजाकिया छवि बन जाती है और उनसे बुद्धिजीवी परहेज करने लगते हैं। हास्य उचित समय पर ही अच्छा लगता है।

19. क्या आप पीठ पीछे निन्दा करते हैं?

पीठ पीछे कही गई बात ज्यादा तेजी से फैलती है। अक्सर आपकी कही हुई मूल बात बदल जाती है, फसाद खड़ा हो जाता है और करीबी रिश्ते भी खत्म हो जाते हैं। आलोचना संयमित शब्दों में, अकेले में करें। वही पीठ पीछे कही गई प्रशंसा जादू सा असर करती है। इसे आजमा कर देखें। किसी के मित्र या परिजन से उसकी प्रशंसा करे, एक से अधिक बार करें। जब धीरे से यह प्रशंसा उस व्यक्ति के कानों में पड़ती है तो उसका मन प्रफुल्लित हो जाता है। उसके दिमाग

में आपकी सकारात्मक छवि बन जाती है।

यदि निंदा आवश्यक है तो पहले प्रशंसा करते हुए बात शुरू करें, सहजता से आलोचना करे और वापस सामान्य बातचीत से बात खत्म कर दें। निन्दा अकेले में करें। निन्दा सहज और संक्षिप्त शब्दों में करें। व्यक्ति की नहीं, कार्य की आलोचना कीजिए। निन्दा करने के पहले एक बार फिर सोच लीजिए, क्या वाकई निन्दा करना आवश्यक है?

20. तर्क से बचें

तर्क और विवादों से बचें क्योंकि थोड़ा बढ़ने पर ये अहं का प्रश्न बन जाता है। याद रखें जब भी आप एक बहस में जीतते हैं, आप एक व्यक्ति को हारते हैं?

यदि किसी विवाद की जीत वाकई में महत्त्व न रखती हो तो उसे अधर में छोड़ दीजिए। यह आपके बड़प्पन का परिचय होगा।

21. व्यक्तिगत आघात और धार्मिक व्यंग्य न करें

किसी की शारीरिक कमी का मजाक न उड़ाएं। व्यक्ति भले ही मुस्करा देता है, परंतु उसके दिल पर गहरा आघात होता है। गरीबी, अशिक्षा ऐसे किसी मुद्दे पर किसी को चोट न पहुंचाएं। दूसरे सुनने वालों को भी ये बुरा लगता है। जीवन भर न भूलने वाले घाव दे देते हैं।

**वाणी संभालकर बोलिए,
ना है हाथ न पांव
एक शब्द करे औषधि,
एक शब्द करे घाव**

कुछ लोग लंगड़ा कर चलने वालों को लंगड़ू या मोटे पावर का चश्मा लगाने वाले को चश्मिश कहते हैं। सोचिए, क्या वाकई उस

व्यक्ति को अच्छा लगता होगा। धर्म को सदैव बातचीत से दूर रखें। यदि शामिल करना हो तो उजले पहलुओं पर चर्चा करें। हर किसी की सामाजिक मान्यताएं अलग होती हैं, वार्तालाप में सदैव उनका सम्मान करें।

जग जीतने का, बस एक सफल हथियार
ना निन्दा, ना चोट, बस वाणी में भर लो प्यार

●●●

बातचीत में बॉडी लैंग्वेज

सामान्य बातचीत, मीटिंग, व्यापारिक बैठक आदि में दूसरे श्रोताओं या प्रतिभागियों की शारीरिक स्थिति देखकर भी उनकी मानसिकता पता लगती है।

कायिक भाषा (बाडी लैंग्वेज) एक स्थापित विज्ञान है। बड़ी कंपनियों के इंटरव्यू पैनल में बॉडी लैंग्वेज विशेषज्ञ भी शामिल होते हैं जिससे सामने वाले के व्यक्तित्व के अन्य गुण भी हाव-भाव से जाने जा सकें। अलग-अलग परिस्थितियों में आंखें, भौहें, हथेली, पैर, गर्दन आदि विभिन्न हरकत करते हैं। व्यक्ति ऊपर से कुछ भी बोले परंतु शारीरिक भाषा सारी सच्चाई कह देती है।

इस विषय पर बहुत-सी पुस्तकें उपलब्ध हैं, उनकी अवश्य मदद लीजिए। हम यहां कुछ विशिष्ट संकेतों की बात करेंगे जिन्हें हम दैनिक जीवन में तुरंत देख सकते हैं। जब भी सच्चाई जाननी हो या मन के अंदर क्या चल रहा है यह पता करना हो तो बॉडी लैंग्वेज पर ध्यान दीजिए।

बातचीत में सामान्य हाव-भाव और उनके अर्थ

- भौंहों को उठाना–समझने का प्रयास।
- भौंहों को वक्र कर ऊपर उठाना– अविश्वास।
- श्रोता से दूसरी ओर दृष्टि – आत्मविश्वास की कमी, संकोच।
- आँखों में आँखें डालकर बात करना– निष्ठा एवं आत्मविश्वास।
- नाक मलना– चकित हो जाना।
- दोनों हाथों से लिपटकर सीने को बांधना– रक्षात्मक उपाय।
- कंधों को झटकना– दिलचस्पी का अभाव।
- आंखें मटकाना (पुतलियों से इशारा)– आत्मीयता, किसी विशेष तथ्य की ओर संकेत।
- उंगलियां मोड़कर आवाज करना– धैर्य की कमी।
- ललाट को तलहथी से मारना– नैराश्य, आत्मग्लानि।
- बोलते समय उंगलियों से मुख ढकना– असत्य, भाषण।
- सुनते समय उंगलियों से मुख ढकना– आक्रोश या आवेश पर संयम (चाहते हुए भी विरोध व्यक्त नहीं करना)।
- गर्दन खुजलाना– वक्ता के अनिश्चय का भाव।

- श्रोता का अपना कान मलना– श्रोता का वक्ता को संकेत कि वह भाषण बंद करें।
- बोलते समय दूर दृष्टि पर संवाद पर रोक–प्रश्न पूछने के लिए इंगित करना।
- संवाद पर रोक पर दृष्टि अलग– संकेत "अब आगे सुनिए"।
- सुनते समय वक्ता की ओर न देखना– असहमति।
- जवाब देते समय आंखें बचाना–अनिश्चय का बोधक।
- सीधे खड़ा होकर वक्तव्य देना–महत्त्वपूर्ण बयान देना।
- बोलते हुए गंभीरता से आगे बढ़ना– स्पष्टीकरण।
- पॉकेट में हाथ डालकर बोलना– गर्वोक्ति (अपने बारे में अधिक समझना)।
- सुनते समय श्रोता का हाथ में किसी वस्तु को लेकर नचाना–ध्यान से नहीं सुनना।
- सुनते समय पीछे झुकना– उदासीनता।

अपने भाषण में, बातचीत में या ग्रुप डिस्कशन में यदि आप शरीर के इन बोलते हुए अंगों की ओर ध्यान देंगे तो आप सामने वाले को अपनी बात पर सहमत कराने में सफल हो पाएंगे। विभिन्न संप्रेषण के अवसरों पर हमारे हाथ पैर और चेहरे की आकृतियां बदलती रहती हैं। धीरे-धीरे अभ्यास के बाद हम बिना अतिरिक्त प्रयास के दूसरे के मन की बात जान सकते हैं।

●●●

FAMILY (परिवार)

OFFICE
(कार्यालय)

FRIENDS (मित्र)

SOCIETY (समाज)

CAN WE IMAGINE LIFE WITHOUT A GROUP?

(क्या आप बिना ग्रुप के एक जीवन की कल्पना कर सकते हैं?)

ग्रुप डिस्कशन (समूहचर्चा)

प्रभावी बातचीत का
औपचारिक रूप

- ग्रुप डिस्कशन में क्या कहें और क्या न कहें
- ग्रुप डिस्कशन - टिप्स
- यदि उत्तर न आता हो
- सारांश कैसे कहें

प्रभावी वक्ता व प्रभावी वार्तालाप
ग्रुप डिस्कशन (समूह चर्चा)

समूह चर्चा या ग्रुप डिस्कशन प्रभावी बातचीत का थोड़ा परिवर्तित रूप है। ग्रुप डिस्कशन व्यक्तित्व और अन्य गुणों की परीक्षा लेने का तरीका है। प्रतियोगी की डिग्री के अलावा उसके नेतृत्व करने की क्षमता और व्यावहारिक बुद्धि की परीक्षा ली जाती है।

यह विषय का ज्ञान और उस ज्ञान को प्रभावी ढंग से शब्दों में कह पाने की परीक्षा है। प्रतियोगी परीक्षाओं और बड़ी कंपनियों में नियुक्ति का यह महत्त्वपूर्ण भाग बन चुका है। ग्रुप डिस्कशन में अच्छी स्कोरिंग के बिना प्रतियोगी परीक्षाओं में चयन नहीं हो पाता।

पारिवारिक और सामाजिक मामलों में भी अपनी बात रखने के लिए आपको ग्रुप डिस्कशन की कला आनी चाहिए।

प्रभावी बातचीत का एक रूप है ग्रुप डिस्कशन

जाने-अनजाने हम दिन में कई बार समूह चर्चा में शामिल होते हैं, जैसे–

हम रेलवे स्टेशन पर ट्रेन के इंतजार में खड़े हैं। अचानक उद्घोषणा होती है कि ट्रेन दो घंटे लेट आएगी। हम झुंझला उठते हैं और साथ खड़े हुए व्यक्ति से कहते हैं–

हमारा प्रथम कमेन्ट	–	पता नहीं, और कितनी देर होगी।
दूसरा व्यक्ति कहता है	–	चेन पुलिंग हुई होगी।
तीसरा व्यक्ति कहता है	–	नहीं, चेन पुलिंग में दो घंटा लेट नहीं हो सकती, इंजन खराब हुआ होगा।

एक चौथा व्यक्ति – ये रेलवे वालों का रोज का काम है, आम आदमी को कितनी तकलीफ होती है, ये क्या समझेंगे।

चर्चा बढ़ते-बढ़ते एक दूसरे के व्यक्तिगत क्षेत्र में आ जाती है। कौन कहां जा रहा है, क्या काम करता है। इस तरीके से परिचय आगे बढ़ता चला जाता है।

ऐसे ग्रुप डिस्कशन हम रोज करते हैं और अपनी प्रभावी राय सामने रखते हैं परंतु औपचारिक और पूर्व आयोजित ग्रुप डिस्कशन से अधिकांश लोग घबराते हैं।

वक्ता के रूप में ग्रुप डिस्कशन में आपके किन गुणों का मूल्यांकन होता है

- आपका ज्ञान और आपकी जानकारी।
- आप अच्छे श्रोता हैं या नहीं।
- आप सकारात्मक हैं या नकारात्मक।
- आप विवाद को तूल देते हैं या शांत करते हैं।
- आप प्रतिद्वंद्वी हैं या प्रतिभागी हैं।
- क्या आप पहल करने में विश्वास रखते हैं।
- क्या आपसे कोई गलती हो तो स्वीकारने का साहस है।
- क्या चर्चा जब मूल विषय से भटकती है या विवाद में फंसती है तो अपनी बुद्धिमत्ता से आप उसे नई दिशा देते हैं।
- क्या आप दूसरों को कूटनीतिक रूप से या तार्किक रूप से अपने विचारों पर सहमत कर पाते हैं।
- क्या आप बोलने की या अपनी प्रतिभा का प्रदर्शन करने का हर मौका हथिया लेते हैं।
- क्या आप दूसरों को भी बोलने के लिए प्रेरित करते हैं।
- क्या आप चर्चा के अंत में सभी बातों को समेट कर उचित सारांश देने में पहल करते हैं।
- विपरीत परिस्थितियों पर आपके चेहरों पर कैसे भाव आते-जाते हैं। कहीं आप व्यक्तिगत चोट तो नहीं पहुंचाते?

- आप कैसे कर्मचारी या अधिकारी सिद्ध होंगे।
- आप विनम्र हैं या अक्खड़ हैं।

मूल्यांकन के इन बिंदुओं को ध्यान से बार-बार पढ़ें। अपने आपको सामने रखकर इन सवालों के उत्तर दें। आपको अपनी कमजोरियां और शक्तियां सामने नजर आएंगी।

ग्रुप में सहमति और अपने पक्ष में राय बनाएं

- दूसरों को बोलने का मौका दें।
- आपसी सहमति की बात तलाशें और वही शुरू करें।
- धीरे-धीरे अपने पक्ष में सहमति बनाएं।
- अपनी बातों को व्यवस्थित और क्रमबद्ध रखें।

नेतृत्व क्षमता का परिचय दें

- दूसरों के बीच विवादों में त्वरित मध्यस्थ बने जिससे जी.डी. की मर्यादा बनी रहे।
- जो व्यक्ति बिल्कुल नहीं बोल रहा है, उसे बोलने के लिए प्रेरित करे। विषय चुनाव में आगे बढ़कर पहल करे।
- अपनी बात पर अड़ने की बजाय तर्कों से सिद्ध करें।
- यदि किसी बात की आपको जानकारी नहीं है तो सहजता से क्षमा मांगते हुए अगले वक्ता को मौका दें। झूठे तथ्य पेश न करें।
- दूसरा प्रतिभागी जब अपनी बात कह रहा हो तो सक्रिय होकर बात सुने। सहमति और असहमति के संकेत दे।
- गलत बात को दबाव के आगे स्वीकार न करें।
- अति चतुर या बातूनी न बनें।
- नई बात कहने का साहस दिखाएं।
- यदि चर्चा मूल विषय से भटक रही हो तो लीडर बनकर हस्तक्षेप करें और वापस चर्चा को मूल विषय पर लाएं।
- बोलने के हर अवसर का उपयोग करें।

- अच्छा बोलने के बाद सहज रहें। दंभ चेहरे पर न आने दें।
- कोई दूसरा प्रतिभागी जब जोरदार तथ्य कहे तो चेहरे पर प्रशंसा और सहमति के भाव लाएं।
- बात-बात पर हंस कर अपने को मजाकिया सिद्ध न करें। एक प्रोफेशनल सा व्यवहार करें।
- बातचीत शुरू करने का साहस दिखाएं।

●●●

ग्रुप डिस्कशन में क्या कहें और क्या ना कहें

क्या कहें...	क्या न कहें...
❑ ये अच्छा है साथ ही... ये भी करें तो	आपका आइडिया बेकार है...
❑ मैं सहमत हूं मगर मैं भी एक बात कहना चाहता हूं	ये गलत है
❑ ये एक शानदार विचार है हम इसे और बेहतर बना सकते हैं	आप बेकार बात कर रहे हैं
❑ मैं स्वयं यही बात कहना चाहता था आपने बहुत बढ़िया विषय उठाया है	आप ही बोलेंगे या औरों को भी बोलने देंगे
❑ आप सही लाइन पर जा रहे...	आप इतने भ्रमित क्यों हैं?
❑ ये भी एक जरूरी बात...	आप बात करके समय खराब...
❑ मैं आपकी बात में एक और	ये बात न पहले थी न आज है बात जोड़ना
❑ ये कटु सत्य है, आपने साहस किया	क्या पहली बार जी.डी. में आए हैं
❑ मैं आपकी बात और विस्तार से सबको बताता हूं...	आपकी बात चर्चा के योग्य ही नहीं है

•••

ग्रुप डिस्कशन के महत्त्वपूर्ण टिप्स

- पहनावा शालीन और स्तरीय रखें।
- एसेसरीज जैसे पेन, घड़ी, रूमाल, चश्मा और जूते अच्छे क्वालिटी के रहें।
- समय से पूर्व पहुंचें।
- मुख्य चर्चा शुरू होने के पहले संयमित व्यवहार रखें, हो सकता है कहीं छुपी वो आंखें आपके व्यवहार की मार्किंग कर रही हो।
- पहले से ही दोस्त और प्रतिद्वंद्वियों का निर्धारण न करें।
- आगे बढ़कर प्रथम वक्ता बनने का साहस दिखाएं।
- पूरे समूह से बात करें, किसी एक व्यक्ति से नहीं।
- किसी की बात में सहमति जताते हुए ही बीच में हस्तक्षेप करें।
- धार्मिक और व्यक्तिगत बातें न कहें।
- तर्क से पराजित करें, ऊंची आवाज से नहीं।
- बातें एक प्रभावी वक्ता की तरह स्पष्ट और सुनने योग्य बोलें।
- भावनात्मक अतिरेकों से बचें। कोई गलती हो जाए तो भूल कर अगले ही सेकंड से नई शुरुआत करें।
- प्रभावी भाषण कला के टिप्स का उपयोग करें।

इनमें से किसी भी आधार पर आपको एक ग्रुप डिस्कशन में नकारात्मक या सकारात्मक मार्किंग दी जा सकती है।

ग्रुप डिस्कशन अभ्यास योजना

किसी भी एक विषय को अचानक ही दिमाग में लाएं और उस पर जितने भी आप जानते हैं, सब कुछ लिख लें। क्रमबद्ध करके बोलने का प्रयास करें।

इसी तरह अलग-अलग विषयों पर अपनी राय लिखें, धीरे-धीरे विचार तेजी से आने शुरू होंगे और क्रम से आएंगे। दूसरे लोगों से विभिन्न विषयों पर बढ़कर चर्चा करें।

•••

यदि उत्तर न आता हो

विषय के बारे में नहीं जानते

- चिंता न करें।
- भाव-भंगिमा सामान्य रखें।
- दूसरों की बातें सुनें, आपको सारे आइडिया वहीं से मिलेंगे।
- बुद्धिमता से प्रश्न पूछे, इससे ऐसा प्रतीत होगा कि आप जानकार हैं।
- दूसरों की बात में सहमति या असहमति सूचक शब्द जोड़कर परोस दें।
- अंत में तुरंत पहल करके दोनों पक्षों के मुख्य बिन्दु रखें और सारांश दें, आप तत्काल लीडर की श्रेणी में आ जाएंगे।

यदि ऐसा सवाल हो जिसका जवाब न आता हो

यदि कोई दूसरा प्रतिभागी आपसे ऐसा सवाल कर दे कि आपके पास कोई जवाब न हो तो साहस दिखाएं और दूसरे लोगों की राय लेते हुए अपने साथ जवाब देने को आमंत्रित करें। अपनी कमजोरी या अज्ञानता को व्यर्थ की बातें करके ढंकने का प्रयास न करें।

जब कोई व्यक्तिगत आघात करे

सहज होकर नजरअंदाज कर दें ये आपके बड़प्पन को दर्शाएगा। यदि पुनः कहें तो संयत शब्दों में उसे संयमित बात करने को कहें।

जब कोई आपका विरोध करें

शांत होकर उसकी बातें सुनें। फिर से अपनी बात कहें। उसके हर विरोध को काट का एक तथ्य कहें। व्यंग्य का पुट न लाएं। सहज विजय प्राप्त करने का प्रयास करें।

•••

सारांश कैसे कहें

जी.डी. की समाप्ति पर सारांश कहने का अवसर पाने का प्रयास न करें, झपट कर लें

- विषय-वस्तु संक्षिप्त में
- पक्ष की राय महत्त्वपूर्ण राय
- विपक्ष की महत्त्वपूर्ण राय
- वाद-विवाद के मुख्य बिंदु
- बहुमत की राय
- यदि अंतिम सहमति बनी हो तो निर्णय का उल्लेख कीजिए नहीं तो समापन स्वतः ही हो जाएगा।

संभल के, छुपी हुई नजरें भी आपको देख रही हैं और परख रही हैं

एंकरिंग / मंच संचालन

एक वक्ता और मंच संचालन (एंकरिंग)

यदि कार्यक्रम को सफल और लोकप्रिय बनाना हो तो एक एंकर चुनिए और यदि कार्यक्रम को असफल और अलोकप्रिय बनाना हो तो भी एक एंकर चुनिए

— लेखक

एंकरिंग भाषण कला का एक विशिष्ट रूप है

मैं एंकर को ऐसे परिभाषित करता हूं। सफल एंकर वह व्यक्ति होता है जो–

A Applies mind (जो तत्काल बुद्धि का उपयोग करता है)

N Novelty (जो श्रोताओं को प्रभावित करने के नए तरीके ढूंढ़ता है।

C Comedy (जिसमें श्रोताओं को हंसाने की क्षमता हो)

H Homework (जो कार्यक्रम के सभी पहलुओं को ध्यान में रखते हुए पूर्व तैयारी करता हो)

O Originality (जिसकी शैली और विचारों में मौलिकता हो)

R Ready for Show (जो हमेशा तैयार रहे, एक जानदार भूमिका निभाने के लिए)

एंकर कार्यक्रम को एक व्यवस्थित स्वरूप देता है, क्रमबद्धता देता है और दर्शकों को पसंद आए, ऐसे रूप में पेश करता है।

बेहतरीन कार्यक्रम भी अच्छी एंकरिंग के अभाव में बेजान हो जाते हैं और एंकर यदि प्रतिभावान हो तो सामान्य से कार्यक्रम को प्रसिद्ध बना सकता है।

इलेक्ट्रानिक मीडिया की बढ़ती लोकप्रियता से सूत्रधार का काम बेहद व्यापक हो गया है। कभी-कभी लोग कार्यक्रम को सिर्फ एंकर की वजह से पसंद करते हैं, अमेरिका का प्रसिद्ध ओपरा विनफ्री शो इसका लाजवाब उदाहरण है।

एंकरिंग या मंच संचालन को मोटे रूप में हम ऐसे बांट सकते हैं–

- **मंचीय कार्यक्रम (सांस्कृतिक-संगीत-राजनीतिक-अन्य)**

  जिसमें जनसमूह सामने होता है और आप माइक के माध्यम से श्रोताओं से जुड़ते हैं।
- **टी.वी. व रेडियो एंकरिंग**

  जिसमें आपको सीमित आडियंस के सामने प्रस्तुति देनी होती है, परंतु क्लोज अप की वजह से आपका रोल अहम हो जाता है। इसके विभिन्न रूप हैं जैसे–
- **व्यक्तिगत या टॉक शो**

  यह टी.वी. व रेडियो एंकरिंग का हिस्सा है परन्तु सामान्य से अलग है। इसमें एंकर और भी ज्यादा महत्वपूर्ण होता है। इसमें सामने एक या अधिक महत्त्वपूर्ण व्यक्ति होते हैं और विभिन्न मुद्दों पर उनसे सवाल करके **एंकर** उनकी भावनाओं और विचारों को श्रोताओं तक पहुंचाता है।
- **करण्ट अफेयर एंकरिंग**

  इसमें हम चुनाव विश्लेषकों आदि को रखते हैं।

एंकर किसी भी कार्यक्रम का सबसे सजग, कल्पनाशील और जिम्मेदार हिस्सा होता है। कार्यक्रम को सफल बनाने की जिम्मेदारी एंकर की होती है।

नील चिपमेन कहते हैं–
"एंकर यदि चाहे तो मृतप्राय कार्यक्रम में जान फूंक दे या एंकर यदि चाहे तो सफलतम कार्यक्रम को भी मृतप्राय बना दे।"

मंच संचालन / एंकरिंग की भूमिका के महत्त्वपूर्ण पहलू

तत्काल संचालन (Spot Anchoring)

*इसमें आपको कार्यक्रम के बारे में ज्यादा पूर्व जानकारी नहीं होती है। आप अपने अनुभव और सामान्य बुद्धि से जो भी घटता है उसे शब्द देते चले जाते हैं। इसमें आत्मविश्वास, साहस और अनुभव की आवश्यकता होती है। "एक सत्य घटना आपके साथ बांटना चाहूंगा। वर्ष 2004 से भिलाई में विश्वप्रसिद्ध अखबार दैनिक भास्कर के प्रायोजन में एक व्यक्तित्व विकास कार्यक्रम का आयोजन था। कार्यक्रम में **समय आपकी मुट्ठी में** नामक किताब के लेखक और वरिष्ठ वक्ता श्री विजय अग्रवाल का भाषण था।*

दैनिक भास्कर की ओर से मुझे भी आमंत्रण प्राप्त हुआ था। हम सब अपनी सीट ले चुके थे परंतु कार्यक्रम प्रारंभ नहीं हो रहा था। मंच के आसपास बेचैनी का माहौल था। सचदेवा कॉलेज भी इस कार्यक्रम के सह प्रायोजक थे। मैं महसूस कर रहा था कि कुछ न कुछ गड़बड़ है। अचानक दैनिक भास्कर के स्थानीय मार्केटिंग प्रमुख अजय वर्मा और सचदेवा कॉलेज के चिंरजीव जैन मेरे पास आए और अपनी परेशानी का कारण बताया। कार्यक्रम को गरिमामय बनाने हेतु उन्होंने किसी अन्य शहर से मंच संचालक को आमंत्रित किया था परंतु वो किसी इमरजेंसी की वजह से पहुंच नहीं पाए थे। इन्होंने मुझसे आग्रह किया कि भीड़ से पूरा हाल भर चुका है और अब इंतजार नहीं किया जा सकता अत: आपातकालीन व्यवस्था के रूप में मैं मदद करूं।

हालांकि श्री विजय अग्रवाल से मेरा कोई परिचय नहीं था परंतु जिम्मेदारी टालने योग्य नहीं थी। मैंने तुरंत कुछ ही क्षणों में विजय जी से और उनकी पत्नी से उनके बारे में जानकारी ली और आयोजकों से कार्यक्रम की रूपरेखा ली। एक क्षण के लिए तो घबराहट हुई थी परंतु ईश्वर के आशीर्वाद से पूर्ण आत्मविश्वास के साथ हमारी टीम ने बिना

किसी रुकावट के सफलता के साथ उस कार्यक्रम को पूरा किया। सारी लाइने मुझे माइक पर जाकर ही सोचनी पड़ी और उपस्थित श्रोताओं को आभास भी नहीं हो पाया कि ऐसी कोई स्थिति उस कार्यक्रम में बनी थी।

जनता के बीच जाकर जो मैदानी कार्यक्रम किए जाते हैं उनमें भी अक्सर ऐसी स्थितियां बनती है।

जब भी ऐसी स्थिति आए कि आपको एक कार्यक्रम की एंकरिंग अचानक करनी पड़े तो निम्न बातों का ध्यान रखें:

1. बिना घबराए भूमिका स्वीकार कीजिए।
2. जितने भी मिनटों का समय मिले उसमें कार्यक्रम, आयोजन या व्यक्ति के बारे में उपलब्ध जानकारी जमा कीजिए।
3. एक मोटी सी रूपरेखा बना लीजिए।
4. **एंकरिंग के दौरान कभी भी ये मत कहिए कि मुझे तैयारी के लिए बिल्कुल समय नहीं मिला। इससे श्रोता आपकी गलतियों पर ज्यादा ध्यान देंगे।**
5. कार्यक्रम के बीच में आपको जो भी समय मिले उसमें छन्द, विशेष तथ्य, सूक्ति, संबंधित कहानी या कोई सवाल कार्यक्रम के अनुसार सोचते जाइए। उसके सहारे कार्यक्रम को बढ़ाइए।
6. यदि कुछ भी दिमाग में न आए तो श्रोताओं और आयोजकों की प्रशंसा कीजिए।
7. उस विषय के इतिहास या सार पर बात कीजिए। उदाहरण के लिए अचानक ही आपसे कहा गया कि आपको अमुक संगीत कार्यक्रम में सूत्रधार की भूमिका निभानी है और आपकी कोई तैयारी न हो तो हड़बड़ाइए मत। आप संगीत का इतिहास, संगीत के विभिन्न पहलू, बड़े गायकों या वादकों के नाम या कार्यक्रम के अनुसार अन्य बातें कह सकते हैं। हमेशा याद रखिए, श्रोता यह नहीं जानते कि आपने सूत्रधार की भूमिका निभाने के लिए क्या तैयारी की थी। जो भी आप कहेंगे, वो उसे ही आपकी प्रस्तुति मानेंगे।
8. अपने सामान्य ज्ञान का उपयोग कीजिए। अधिकांशत: आप सामान्य बातें कह कर भी सफलतापूर्वक एंकरिंग कर सकते हैं।

पूर्व नियोजित संचालन (Planned Anchoring)

इसमें एंकर को कार्यक्रम से संबंधित पूरी जानकारी और रूपरेखा पहले से मालूम होती है। यह तुलनात्मक रूप से काफी सरल है। कार्यक्रम को बेहतरीन रूप से देने के लिए आजकल हर काम योजनाबद्ध तरीके से किया जाता है। ध्वनि आर्टिस्ट, कैमरामैन, ड्रेस डिजाइनर, मेकअप मैन आदि सभी लोग अपनी भूमिका सफलता से निभाकर आपका काम आसान कर देते हैं। हम जितने भी अवार्ड कार्यक्रम या टी.वी. शो देखते हैं, उनमें सारे क्रम पहले से निर्धारित होते हैं।

चाहे घर में हो रहे छोटे से महिला संगीत की एंकरिंग हो या एक बड़ा स्टेज शो, यदि आपको कार्यक्रम के सभी हिस्सों की जानकारी हो तो आप कार्यक्रम में चार चांद लगा सकते हैं।

पूर्व नियोजित एंकरिंग में निम्न का ध्यान रखें

- सभी जानकारियां विस्तार से इकट्ठी कर लें।
- कार्यक्रम की तैयारियों और अभ्यास में शामिल अवश्य हों ताकि आप उस कार्यक्रम के हर पहलू से वाकिफ हो सकें।
- विभिन्न प्रस्तुतियों के बीच आपको कितना समय प्राप्त होगा, उसका आकलन कर लें।
- कार्यक्रम में शामिल अन्य व्यक्तियों से उनकी अपेक्षाओं के बारे में जानकारी ले लें।

  यदि आपने एक टॉक शो में कुछ अतिथियों को आमंत्रित किया है तो आप उनके बारे में क्या कहने जा रही हैं, इसकी उन्हें संक्षिप्त जानकारी दीजिए। हो सकता है वो अपने व्यक्तित्व का कोई विशेष पहलू दर्शकों तक पहुंचाना चाहे या विशिष्ट उपलब्धि की जानकारी दें।
- **तैयारी करते हुए कार्यक्रम के उद्देश्य को दिमाग में रखिए।**

  यदि आप एक औपचारिक सेमीनार का संचालन कर रहे हैं तो आपको नपे-तुले और गंभीर शब्दों में अपनी बात कहनी होगी। यदि आप एक कवि सम्मेलन का संचालन कर रहे हैं तो आपको हास्य का पुट लाना होगा। आप जो भी कहना चाहते हों उससे कार्यक्रम के मूल उद्देश्य को पोषण मिलना चाहिए।

- **श्रोताओं की पृष्ठभूमि की जानकारी लेना आवश्यक है। श्रोता का शैक्षणिक स्तर, उसकी रुचि और उनकी अपेक्षाओं को ध्यान में रखते हुए अपनी भूमिका का निर्वाह करें। बुद्धिजीवी वर्ग के बीच यदि आप हल्के चुटकुलों या सामान्य शायरी का उपयोग करेंगे तो वह स्वीकार्य नहीं होगा। अल्प शिक्षित श्रोता वर्ग के सामने शेक्सपियर और मिल्टन नहीं चलेंगे।**

मैक बेरिस कहते हैं–
"एक एंकर अच्छा तभी माना जाएगा जब श्रोता उसे पसंद करेंगे। एंकर द्वारा बोली गई लाइनें कितनी भी श्रेष्ठ क्यों न हो, यदि वो श्रोताओं की प्रशंसा न बटोर सके तो व्यर्थ हैं।"

यदि अन्य लोगों की भी कोई भूमिका हो तो उन्हें उनकी भूमिका और क्रम की विशिष्ट जानकारी पूर्व में ही दे दें।

सबसे महत्त्वपूर्ण आपके शब्द हैं–आपके द्वारा कहा गया हर वाक्य कार्यक्रम के लिए महत्त्वपूर्ण है। आपके शब्दों से ही कार्यक्रम कसा हुआ और भव्य स्वरूप लेगा। अत:

- कार्यक्रम के उद्देश्य के अनुसार श्रेष्ठ सामग्री जमा करें या रचना करें।
- समय सीमा के अनुसार रिहर्सल करें। ऊर्जावान रहें।
- अप्रिय या कटु शब्दों का इस्तेमाल न करें।
- यदि कार्यक्रम व्यक्तिगत न हो तो निजी सवाल न पूछें।
- कार्यक्रम में शामिल लोगों की सकारात्मक बातों को शामिल कीजिए।
- धार्मिक या विवादास्पद मुद्दे न उठाएं।
- आपके शब्दों से किसी भी रूप में श्रोताओं का अपमान न हो, इसका विशेष ध्यान रखें।
- पक्षपात पूर्ण या अप्रमाणित बातें न कहें।
- एंकरिंग भी भाषण का एक रूप है, अत: पूरी प्रस्तुति में सामग्री चयन, हाव-भाव, आवाज और माइक का उपयोग जैसे अध्यायों में दिए तथ्यों को प्रयोग में लाइए।

वक्ता और टॉक शो एंकरिंग या इंटरव्यू एंकरिंग

- बड़े कार्यक्रमों में मंचों पर जब आप जनता के सवाल राजनेताओं से पूछते हैं या टी.वी. पर किसी अभिनेत्री की निजी जिंदगी में झांक रहे होते हैं तो आपका दायित्व होता है कि आप कार्यक्रम का उद्देश्य ध्यान में रखें।
- ऐसे कार्यक्रम जिसमें आप मेहमान को आरोपों के कटघरे में खड़ा कर रहे हैं, जैसे **"आपकी अदालत"** या **"एनकाउंटर"** उसमें सवालों के चयन हेतु आप स्वविवेक के अनुसार स्वतंत्र हैं।
- यदि वह एक सामान्य टॉक शो है तो व्यक्तिगत और विवादास्पद सवालों से बचिए। अपनी बातों से अतिथी को ऐसी स्थिति में मत लाइए कि वे अपना अपमान महसूस करें।
- अपने सवालों को छोटा रखिए और उन्हें ज्यादा कहने को प्रेरित कीजिए।
- सवाल पूछते हुए संयमित और सहज रहिए। यदि कोई जवाब बहुत लंबा हो रहा हो तो चतुराई से हस्तक्षेप करके बात का स्वरूप बदल दीजिए और अगले मुद्दे पर आ जाइए।
- यदि कोई अप्रिय जवाब सामने आ जाए या आप पर पलटवार हो तो आप चेहरे पर नाराजगी के भाव मत आने दीजिए, एकदम सामान्य रहिए। यदि अपना पक्ष स्पष्ट करने की आवश्यकता हो तो कीजिए अन्यथा अगले चरण की ओर बढ़िए।
- विषय के बारे में आपको अधिकतम जानकारी होनी चाहिए।

वक्ता और रेडियो एंकरिंग

सच कहा जाए तो यहां आवाज का जादू चलता है। ये मुझे टीवी एंकरिंग की तुलना में कठिन लगता है। टीवी एंकरिंग में आपकी कही गई बातों को प्रभावी बनाने के लिए आपके हाव-भाव और स्टूडियो की अन्य व्यवस्थाएं होती हैं परंतु रेडियो एंकरिंग में सिर्फ बोलने की शैली और शब्दों के चयन महत्त्वपूर्ण होते हैं।

- अपनी आवाज पर विशेष मेहनत कीजिए और गले का ध्यान रखिए।
- आवाज में उतार-चढ़ाव लाने का अतिरिक्त अभ्यास कीजिए। इस हेतु अपने बोलने की शैली को रिकार्ड करके उसका आकलन कीजिए।
- आवाज में अर्धविराम का सतत अभ्यास कीजिए।
- शब्द चयन पर विशेष ध्यान दीजिए।
- आवाज में भावनाएं डालकर बात कीजिए। जैसे यदि आप कोई दुख भरा डायलॉग रेडियो पर कह रहे हैं तो आपकी आवाज में वह दुख और गम स्पष्ट महसूस होना चाहिए।
- छोटे और स्पष्ट वाक्य कहिए।

रेडियो पर हमेशा संपूर्ण स्क्रिप्ट/रूपरेखा तैयार करके अपनी बात कहिए अन्यथा रिकार्डिंग के बीच व्यवधान आ सकता है। मुझसे भी एक बार गलती हुई थी।

एक बार मुझे ऑल इंडिया रेडियो पर 'पान-तंबाकू-गुटखे से नुकसान' पर बोलने हेतु आमंत्रित किया गया था। मैंने स्क्रिप्ट को विस्तार से नहीं लिखा था। अचानक बोलते हुए मेरे मुंह से "पान पराग" शब्द निकला, तुरंत केंद्र अधिकारी ने रिकार्डिंग रोकी तथा मुझसे कहा कि किसी भी कंपनी का नाम न लूं अन्यथा कानूनी दांव-पेंचों का सामना करना पड़ सकता है। फिर उस शब्द को हटाया गया।

इसलिए रेडियो एंकरिंग पर शब्दों के सर्वश्रेष्ठ चयन के साथ अपनी शब्दशः स्क्रिप्ट तैयार रखें।

रेडियो एंकरिंग को नई पहचान देने वाले आवाज के जादूगर अमीन सयानी को कौन नहीं जानता। रेडियो पर उनकी प्रभावशाली आवाज ने पूरे देश में अपार लोकप्रियता प्राप्त की थी। उनकी भारी आवाज और आश्वस्त कर देने वाली बोलने की शैली ने रेडियो एंकरिंग को एक नयी दिशा दी थी और लोकप्रिय बना दिया। आप भी देशव्यापी पहचान पा सकते हैं।

वस्त्र चयन

डिजाइनर रितु कुमार कहती हैं कि "वस्त्र अपनी डिजाइन या कीमत की वजह से श्रेष्ठ नहीं होते परंतु उनकी श्रेष्ठता इस बात में होती है कि उन्हें पहनने वाले और सुंदर, आकर्षक और प्रभावशाली नजर आएं साथ ही वे उनके व्यक्तित्व और गरिमा से मेल खाते हों।" कार्यक्रम के अनुसार वस्त्र धारण करें। आप मंच का वह हिस्सा हैं जिस पर दर्शक कार्यक्रम की शुरुआत से अंत तक ध्यान देंगे, अतः अपने आपको मोहक और प्रभावशाली बनाइए।

स्टार प्लस पर प्रसारित **"कौन बनेगा करोड़पति"** में सुपरस्टार अमिताभ बच्चन द्वारा पहने गए सूट और सिमी गिरेवाल के टॉक शो में उनके द्वारा पहने गए शानदार सफेद ड्रेसेस को कौन भूल सकता है। एक मंच संचालक के रूप में आप एक चंचल और मनोरंजक भूमिका निभाएंगे या कार्यक्रम कोई खास उद्देश्य लिए हुए हैं, इन बातों के अनुसार तैयारी करिए। कार्यक्रम के पूर्व ही ड्रेस रिहर्सल कर लें, इससे आपका आत्मविश्वास बढ़ेगा। मैं अपने अनुभव से कहता हूं एक अतिरिक्त ड्रेस अवश्य रखें, कोई अप्रिय घटना होने पर आपको आवश्कता पड़ सकती है।

कार्यक्रम की रूपरेखा या स्टेज एजेंडा

स्टेज एजेंडा स्टेज पर होने वाले कार्यक्रम की क्रमबद्ध रूपरेखा को कहते हैं। यह कार्यक्रम की लिखित रूपरेखा होती है।

- इसमें कार्यक्रम को क्रमबद्ध तरीके से लिख लीजिए।
- जिम्मेदारी निभाने वाले सभी लोगों का नाम साथ में लिख दीजिए।
- प्रत्येक कार्यक्रम के सामने समय सीमा लिख दीजिए।
- एजेंडे की प्रतियां सभी संबंधित लोगों में बांट दीजिए।

●●●

ऐजेंडा / प्रोग्राम शीट कैसे बनाएं

5 ओर 6 फरवरी को हमारी टीम द्वारा दुनिया में सबसे ज्यादा घंटों तक गाने का विश्वरिकार्ड बनाया गया। उस कार्यक्रम के उद्‌घाटन का मंच संचालन मेरे द्वारा किया गया था। उसकी एक रूपरेखा आपकी जानकारी हेतु प्रस्तुत है।

मंच संचालन ऐजेंडा – एंकर शीट

कार्यक्रम प्रारंभ, सूत्रधार	– डॉ. उज्ज्वल पाटनी	(2 मिनट)
मंच पर अतिथियों को आमंत्रण	– ससम्मान लाएंगे (एस्कार्ट)	
श्री हेमचंद यादव (मंत्री)	– मधुर चितलांग्या	
श्री ननकी राम कंवर (मंत्री)	– सोहन जैन	
श्री ताराचंद साहू (सांसद)	– देवेन्द्र पाटनी	
सुश्री नीता लोधी (मेयर)	– दीप गोयल	(8 मिनट)
श्री आर.पी. सिंह (एम.डी. भिलाई स्टील प्लांट)	– संजीव कासलीवाल	
श्री बी.आर. जैन (उद्योगपति)	– दलजीत सिंह	
श्री विजय अग्रवाल (उद्योगपति)	– राकेश मिश्रा	
श्री जसराज बरड़िया (उद्योगपति)	– दिलीप गोलछा	
जैन संत श्री संजय मुनि को विशिष्ट आमंत्रण	– प्रदीप जैन	(2 मिनट)
दीप प्रज्वलन हेतु आमंत्रण	–	(3 मिनट)
कार्यक्रम की जानकारी देंगे	– मधुर चितलांग्या	(4 मिनट)
गायक टीम का परिचय	– प्रभंजय चतुर्वेदी	(4 मिनट)
सयंत्र प्रबंधन की शुभकामनाएं	– दीपक खरे	(2 मिनट)
श्री संजय मुनि द्वारा आशीर्वचन	–	(5 मिनट)
उद्‌घाटन कार्यक्रम समाप्ति/ मुख्य कार्यक्रम प्रारंभ	–	(2 मिनट)

यदि इस तरह से विस्तृत रूपरेखा बना कर रखेंगे तो आपके कार्यक्रम में कोई बाधा नहीं आएगी। टी.वी. शो आदि में तो रिकार्डिंग के दौरान एडिटिंग की जा सकती है परन्तु जनता के बीच हो रहे कार्यक्रमों में एडिटिंग संभव नहीं होती। आपको शतप्रतिशत तैयारी के साथ उतरना होता है।

ऐजेंडे से फायदा यह होता है कि प्रत्येक व्यक्ति को उसका क्रम और जिम्मेदारी पूर्ण रूप से मालूम होती है तो वह बिना समय व्यर्थ किए अपनी भूमिका निभाने हेतु तैयार रहता है।

यदि कोई व्यक्ति अचानक अनुपस्थित हो गया है तो यह सभी लोगों की जानकारी में होने की वजह से तुरंत कोई दूसरा व्यक्ति जिम्मेदारी ले लेता है।

सभी संबंधित पक्षों से सभी जानकारियां प्राप्त करके कार्यक्रम को सही रूप देने की जिम्मेदारी यूं तो एंकर की होती है परंतु आजकल यह भी इवेन्ट मैनेजमेंट टीम के अन्य सदस्य तैयार करके एंकर को दे देते हैं जिससे एंकर तनावमुक्त होकर कार्यक्रम को गति देता है।

एंकर बनने के लिए वक्तृत्व कला का ज्ञान जरूरी है। वाकपटुता, शब्दों का संयोजन, बोलने की शैली, प्रभावशाली हाव भाव और अच्छा सामान्य ज्ञान, ये एंकर में होने आवश्यक है।

एंकर हर क्षण एक वक्ता होता है और उसे बार-बार तत्काल बुद्धि दिखानी पड़ती है

सफल एंकरिंग हेतु महत्त्वपूर्ण टिप्स

1. यदि आप एंकर या अच्छे मंच संचालक बनने की इच्छा रखते हैं तो अच्छी कविताएं, महापुरुषों के कथन, चुटकुले और कहानी आदि का संग्रह शुरू कर दीजिए। अपनी एक व्यक्तिगत डायरी रखिए और अखबार, पत्रिकाएं आदि स्रोतों से मोती सहेजते जाइए क्योंकि एंकर को इनकी सर्वाधिक आवश्यकता होती है।
2. छोटे-छोटे अवसर चुराइए। दोस्तों की छोटी-सी बैठक हो या ऑफिस में कोई मीटिंग, उसके कोआर्डीनेटर या एंकर के रूप में आगे बढ़कर दायित्व ले लीजिए। धीरे-धीरे आपका आत्मविश्वास बढ़ता जाएगा।

3. **पार्लियामेंटरी शैली या स्टेज रूल को अच्छे से समझिए। इस शैली के अनुसार जितने भी व्यक्ति स्टेज पर आएंगे, उनके आमंत्रण का क्रम नीचे से ऊपर होगा अर्थात सबसे कम महत्त्व का व्यक्ति सबसे पहले स्टेज पर जगह लेता है और फिर ऊपर के क्रम को आमंत्रित करते हैं। सामान्यतया हम देखते हैं कि सबसे महत्त्वपूर्ण व्यक्ति को सबसे पहले बुला लिया जाता है और वह बाकी लोगों का मंच पर इंतजार करता है, यह गलत है।**
4. आप स्वयं कम समय लीजिए, अतिथियों को ज्यादा समय दीजिए।
5. हमेशा नाम और पद एकदम स्पष्ट और सही बोलिए। अतिथी से नाम, पद और उपलब्धियों से पूर्ण बायोडाटा पूर्व में ही प्राप्त कर लीजिए। अक्सर एंकर यहां गलती करते हैं और मेहमान का नाम ही गलत पुकार देते हैं।
6. यदि आप एक पोडियम/स्टैंड के साथ एंकरिंग कर रहे हैं तो आप साथ में पॉकेट कार्ड का उपयोग कर सकते हैं। यदि गेम शो है जिसमें कार्डलेस माइक है और आप सीधे दर्शकों के बीच जा रहे हों तो अधिकांश प्रस्तुतियां शब्दशः याद रखने का प्रयास करें।
7. कार्यक्रम के उद्देश्य के अनुसार आपके हाव-भाव होने चाहिए। एक सफल एंकर खेलकूद के कार्यक्रम में खिलाड़ी की तरह लगता है और संगीत कार्यक्रम में कलाकार की तरह, बच्चों के गेम शो में उन्हीं की तरह चंचल और क्विज में गंभीर क्विज मास्टर।
8. अपने विशेष गुण को अपनी शक्ति बनाइए। यदि आप अच्छा गाते हों तो गाइए, अच्छी मिमिक्री करते हों तो कीजिए।
9. माइक की कार्यक्रम के पूर्व अच्छी तरह जांच करके स्वयं को एडजस्ट कीजिए क्योंकि आप उसका सर्वाधिक प्रयोग करेंगे।
10. एक सफल एंकर बनने के लिए सफल वक्ता बनना जरूरी है। सफल वक्ता हेतु आवश्यक सभी तत्त्व आपको अपने अंदर पैदा करना होगा।

●●●

कहानियों
एवं
शायरी का ख़ज़ाना

कहानियां

कहानियों का उद्‌गम कहां से होता है शायद कोई नहीं जानता। कुछ कहानियां और प्रेरक प्रसंग हम सालों से पढ़ रहे हैं परंतु आज भी उनमें वहीं ताजगी और उत्तेजना पैदा करने की शक्ति है।

ये कहानियां मैंने इसलिए दी हैं ताकि नए वक्ता लघु कहानियों और प्रेरक प्रसंगों से प्रथम परिचय कर सकें और सरलता से अपने भाषणों को रसपूर्ण, विचारोत्तेजक और धारदार बना सकें। ये सिर्फ सीमित विषयों हेतु उपयोगी सिद्ध होंगी। आप अपने भाषण के विषय के अनुसार और कार्यक्रम की मांग के अनुसार पंचतंत्र, महाभारत, रामायण आदि के खजानों से कहानियों के अनमोल मोती थोड़ी-सी मेहनत करके चुन सकते हैं।

मेरा वादा है आपसे कि आप कहानियों के सशक्त उपयोग से एक लोकप्रिय वक्ता अवश्य बनेंगे। उद्देश्य से जुड़ी और प्रभावी शैली में बोली गई प्रत्येक कहानी एक ब्रह्मास्त्र की तरह असर करती है।

यकीन न हो तो आंजमा कर देखें।

यदि आप ऐसी प्रेरक कहानियां और खूबसूरत शायरी चाहते हैं जो आपके भाषण में जान फूंक दे और आपको उन्हें ढूंढ़ने में ज्यादा मेहनत न करना पड़े तो सिर्फ एक पृष्ठ पलटिए और एक मनोरंजन का खजाना आपका इंतजार कर रहा है।

कहानी

❑ विदुषी का फैसला

बहुत पुरानी बात है। आदि शंकराचार्य और मंडन मिश्र के मध्य सोलह दिन तक शास्त्रार्थ चला। निर्णायक थी–मंडन मिश्र की धर्मपत्नी देवी भारती। हार-जीत का निर्णय नहीं हो पाया था। तभी देवी भारती को आवश्यक कार्य से कुछ समय के लिए बाहर जाना पड़ा।

जाने के पूर्व भारती ने दोनों विद्वानों के गले में एक-एक फूल माला डालते हुए कहा, मेरी अनुपस्थिति में मेरा काम यह मालाएं करेंगी। देवी भारती चली गईं। शास्त्रार्थ यथावत् चलता रहा।

कुछ समय बाद देवी भारती अपना कार्य पूर्ण कर लौट आईं। उन्होंने शंकराचार्य और मंडन मिश्र को बारी-बारी से देखा और अपना निर्णय सुना दिया। उनके निर्णय के अनुसार आदि शंकराचार्य की विजय हुई और उनके पति मंडन मिश्र पराजित हुए।

लोग हैरान थे कि बिना किसी आधार के इस विदुषी ने अपने पति को ही पराजित करार दे दिया। एक विद्वान ने नम्रतापूर्वक जिज्ञासा की–देवी! आप तो शास्त्रार्थ के मध्य ही चली गई थीं फिर लौटते ही आपने फैसला कैसे दे दिया?

देवी भारती ने जवाब दिया – जब विद्वान शास्त्रार्थ में पराजित होने लगता है तो वह अपने को कमजोर मानने लगता है। इस वजह से वह क्रुद्ध हो उठता है मेरे पति के गले की माला क्रोध के ताप से सूख गई, जबकि शंकराचार्य की माला के फूल अभी भी पूर्व की भांति ताजे हैं, इससे प्रकट होता है कि शंकराचार्य की विजय हुई है। विदुषी देवी भारती का फैसला सुनकर सभी दंग रह गए।

❐ मेधावी सुभाष

नेताजी सुभाषचन्द्र बोस बचपन से ही अत्यंत मेधावी छात्र थे। किसी भी बात का तुरंत जवाब देने से वे कभी नहीं चूकते थे। जब वे प्रतियोगी परीक्षा में बैठे तो साक्षात्कार के समय एक अंग्रेज अधिकारी ने अपने हाथ से अंगूठी उतारकर सुभाष से पूछा–क्या तुम इस अंगूठी में से निकल सकते हो?

सुभाष ने तुरंत उत्तर दिया– जी हां, निकल सकता हूं।

अंग्रेज अधिकारी ने विस्मय से पूछा– कैसे?

सुभाष बाबू ने तुरंत कागज की एक परची पर अपना नाम लिखा और उस कागज को मोड़कर अंगूठी में से सरलता से आर–पार निकाल दिया। अधिकारी उनकी इस तरह तत्काल बुद्धि पर दंग रह गया।

❐ नींव का पत्थर

लालबहादुर शास्त्री बड़े ही हंसमुख स्वभाव के थे। लोग उनके भाषण और निःस्वार्थ सेवाभावना जैसे गुणों से अनायास ही प्रभावित हो जाते थे, लेकिन जब वे लोकसेवा मंडल के सदस्य बने तो वे बहुत ज्यादा संकोची हो गए। वे नहीं चाहते थे कि उनका नाम अखबारों में छपे और लोग उनकी प्रशंसा और स्वागत करें।

एक दिन शास्त्रीजी के मित्र ने उनसे पूछा–शास्त्री जी! आपको अखबारों में नाम छपवाने से इतना परहेज क्यों?

शास्त्रीजी कुछ देर सोचकर बोले–लाला लाजपतराय जी ने मुझे लोक सेवा मंडल के कार्य की दीक्षा देते हुए कहा था–लाल बहादुर! ताजमहल में दो प्रकार के पत्थर लगे हैं। एक बढ़िया संगमरमर के पत्थर हैं, जिनको सारी दुनिया देखती है और प्रशंसा करती है। दूसरे ताजमहल की नींव में लगे हैं, जिनके जीवन में केवल अंधेरा ही अंधेरा है, लेकिन ताजमहल को वे ही खड़ा रखे हुए हैं। लालाजी के ये शब्द मुझे हर समय याद रहते हैं और मैं नींव का पत्थर ही बना रहना चाहता हूं।

❑ सीख

इस्लाम धर्म के प्रवर्तक मोहम्मद साहब अपने कुछ साथियों के साथ जा रहे थे कि सामने एक शराबी आ गया और उनका रास्ता रोक कर पूछने लगा–

– तुमने हमें शराब पीने से क्यों मना किया?

– यह एक घृणित कार्य है, मोहम्मद साहब ने कहा

– अच्छा यह बताओ, क्या अंगूर खाना हराम है?

– नहीं।

– क्या ज्वार-मक्का खाना हराम है?

– नहीं।

– जब इनका खाना-पीना हराम नहीं है तो फिर इनको मिलाकर बनाई गई शराब पीना क्यों हराम है? शराबी ने तेज स्वर में पूछा।

– मोहम्मद साahab एक पल चुप रहे फिर उन्होंने शराबी से पूछा, यदि एक मुट्ठी मिट्टी तुम्हें मारूं तो चोट लगेगी?

– नहीं।

– अगर मैं तुम्हारे ऊपर एक गिलास पानी फेंक कर मारूं तो तुम्हें चोट लगेगी?

– नहीं।

– अगर इन चीजों को पक्का कर उसकी ईंट बनाई जाए और फिर मारी जाए तब तो तुम्हें चोट लगेगी न?

– हां, जरूर लगेगी।

– बस उसी तरह शराब बनाकर पीने से इंसान के दिल में चोट लगती है। मोहम्मद साहब ने शराबी को समझाया। शराबी की समझ में मोहम्मद साहब की बात आ गई और उसने उस दिन से शराब पीना छोड़ दिया।

❑ अद्भुत इंजीनियर

अंग्रेजों के शासनकाल की घटना है। बंबई मेल यात्रियों से खचाखच भरी हुई जा रही थी। एक डिब्बे में एक यात्री गुमसुम बैठा था। सांवले

रंग, मंझले कद का वह यात्री कुर्ता-धोती पहने था। अंग्रेज उसे बेवकूफ और निपट देहाती समझ रहे थे और उसकी खिल्ली उड़ा रहे थे। मगर वह सबसे अलग किसी की बात पर ध्यान नहीं दे रहा था। परंतु कुछ ही देर बाद उस व्यक्ति ने रेल की जंजीर खींच दी। पास बैठे लोग उसे पागल, गंवार, भला बुरा कहने लगे। तभी गार्ड वहां आ पहुंचा और उसने पूछा, जंजीर किसने खींची है। उस व्यक्ति ने कहा, जंजीर मैंने खींची है। गार्ड के पूछने पर उस व्यक्ति ने आगे बताया, यहां से लगभग एक फर्लांग दूर रेल की पटरी उखड़ी हुई है।

आपको कैसे पता लगा? गार्ड ने जानना चाहा।

गाड़ी की स्वाभाविक गति में अंतर आ गया है। इससे प्रतिध्वनि होने वाली गति से मुझे खतरे का आभास हुआ है–व्यक्ति ने उत्तर दिया।

गार्ड उस व्यक्ति को लेकर एक फर्लांग से आगे जा पहुंचा और देखकर दंग रह गया कि वास्तव में एक जगह रेल की पटरी के जोड़ खुले हुए हैं और नटबोल्ट अलग पड़े हैं। काफी संख्या में और लोग वहां जा पहुंचे। अब वे सभी लोग उसकी प्रशंसा कर रहे थे जो उसे पागल और गंवार समझ रहे थे।

गार्ड ने उस व्यक्ति से पूछा, आप कौन हैं? आपका क्या नाम है?

उस व्यक्ति ने सहज भाव से कहा, मैं एक इंजीनियर हूं, और मेरा नाम है डॉ.एम. विश्वेश्वरैया। नाम सुनते ही सब लोग सन्न रह गए। उन्हें अपशब्द कहने वाले क्षमा मांगने लगे। डॉ. विश्वेश्वरैया ने कहा, आप लोगों ने मुझे जो कुछ भी कहा, मुझे कतई याद नहीं है।

❑ दांत और जीभ

एक बार दांत लड़ पड़े जीभ से।

दांत बोले–तुम हो ही क्या! मांस का लोथड़ा। न कोई रूप, न रंग। हमें देखो–मोतियों की तरह चमकते हैं।

जीभ कुछ नहीं बोली।

दिन बीते, महीने बीते, साल बीते। उम्र ढलने के साथ-साथ एक-एक करके दांत गिरते गए और जीभ वह ज्यों की त्यों बनी रही।

आखिरी कुछ दांत जब गिरने को हुए, तब जीभ बोली– बहुत दिन

हुए, तुम सबने कुछ कहा था मुझसे। आज उसका उत्तर दे रही हूं। देखो, मुंह में तुम मुझसे बाद में आए। मैं तो जन्म के साथ पैदा हुई थी। आयु में तुम मुझसे छोटे हो! फिर भी मेरे सामने ही एक-एक करके तुम सब विदा होते गए। तुमसे बड़ी हूं, जाना मुझे चाहिए था, लेकिन गए तुम सब! इसका कारण समझते हो?

दांत बोले–तब तो नहीं समझते थे, लेकिन आज समझ रहे हैं। तुम हो कोमल, मुलायम। हम हैं कठोर। कठोर होने का दंड मिला है हमें।

तुम भी कोमल बनो। कोमल का अर्थ है कि तुम्हारा व्यवहार मृदु हो, तुम्हारे कार्य दूसरों को सुख दें। जो जीभ की तरह कोमल होता है, उसे सब प्यार करते हैं, उसे कोई नहीं छोड़ना चाहता।

❒ झूठ-फरेब का महल

एक राजा ने अपने राज्य के सबसे कुशल कारीगर से कहा– तुम मेरे लिए एक बहुत सुंदर महल बनाओ। धन की कमी नहीं है। तुम जितना मांगोगे, उतना मिलेगा।

कारीगर में कामचोरी और आलस्य की प्रवृत्ति आ चुकी थी। कारीगर महल बनाने में जुट गया। काम करते-करते उसके मन में एक बुरा विचार उठा–क्यों न रद्दी, घटिया किस्म का सामान लगा कर ऊपर से महल को सुंदर बना दूं। और, यही किया उसने। अंदर से भुसभुसी दीवालें खड़ी होती गईं, ऊपर से सीमेंट का मुलम्मा चढ़ता गया। अंदर से खोखला, परंतु ऊपर से सोने की चमक-दमक वाला महल जिस दिन तैयार हुआ, कारीगर राजा की सेवा में उपस्थित हुआ और बोला– महाराज, महल तैयार है।

राजा महल का निरीक्षण करने के लिए आए। महल वास्तव में बहुत सुंदर दिखाई पड़ रहा था। उन्होंने कारीगर की भूरि-भूरि प्रशंसा की। बोले–मैं बहुत प्रसन्न हूं। तुम्हें क्या पुरस्कार दूं, यही सोच रहा हूं मैं।

फिर थोड़ी देर बाद वह बोले–अच्छा लो, यही महल मैं तुम्हें पुरस्कार में देता हूं।

राजा चले गए। कारीगर मुंह छिपा कर रोने लगा।

क्यों रोया कारीगर? वह खोखला-पोला महल उसी के मत्थे बढ़ गया। जो दूसरों के लिए गड्ढा खोदता है, उसी को पहले उस गड्ढे में पैर रखना पड़ता है। जो झूठ-फरेब का महल खड़ा करता है, उसी के हिस्से में वह पड़ता है।

❐ जब कांटे फूल बन जाते हैं

मुनि विश्वामित्र बड़े क्रोधी थे। वशिष्ठ मुनि को वह अपना शत्रु मानते थे। कारण तो कोई विशेष नहीं था। बात यह थी कि वशिष्ठ जी ब्रह्मर्षि कह कर पुकारे जाते थे और विश्वमित्र को राजर्षि कहा जाता था। राजर्षि का पद ब्रह्मर्षि के पद से थोड़ा छोटा होता है। बस, इसी बात को लेकर विश्वामित्र अप्रसन्न हो गए थे वशिष्ठ जी से। एक दिन वशिष्ठ जी को मारने के लिए हथियार ले कर वह उस पेड़ पर चढ़ गए, जिसके नीचे वशिष्ठ जी बैठा करते थे।

चांदनी छिटकी हुई थी। वशिष्ठ जी पेड़ के नीचे आ कर बैठ गए। उनके शिष्य भी उनके निकट बैठ गए।

एक शिष्य ने कहा–कितना सुंदर दिखलाई पड़ रहा है चंद्रमा!

वशिष्ठ जी बोले–हां, बिलकुल विश्वामित्र जी की तरह सुंदर और स्वच्छ!

शिष्य बोला–लेकिन महाराज, यही तो आपकी निन्दा किया करते हैं।

वशिष्ठ जी ने उत्तर दिया–करते होंगे। उनके निंदा करने से हमें क्या लेना-देना? हमें तो उनके गुण से सरोकार रखना चाहिए। वह महान् पुरुष हैं। खूब तपस्या की है उन्होंने। भगवान की भक्ति में दिन-रात तल्लीन रहते हैं। जी चाहता है कि उनके चरणों पर सिर रख दूं और उनका दास बन जाऊं।

विश्वामित्र पेड़ पर बैठे-बैठे यह सब सुन रहे थे। उन्होंने सपने में भी नहीं सोचा था, वशिष्ठ जी उनके प्रति इतना आदर-भाव रखते होंगे। वे पेड़ पर से कूद पड़े और उन्होंने वशिष्ठ जी के चरणों पर अपना सिर रख दिया।

यह क्या बात हुई! कहां तो विश्वामित्र हथियार ले कर वशिष्ठ जी को मारने आए थे और कहां उनके चरणों में सिर रख दिया! यह प्रभाव है प्रेम का। वशिष्ठ जी ने अपने प्रेम से विश्वामित्र का क्रोध जीत लिया।

❑ उपकार

एक गुलाम था। उसका नाम एंड्रोक्लीज़ था। एक बार वह एक जंगल से हो कर जा रहा था। उसने किसी के कराहने की आवाज सुनी। उसने देखा कि थोड़ी दूरी पर एक शेर लेटा हुआ है और कराह रहा है। एंड्रोक्लीज़ डरते-डरते उसकी ओर गया। उसने देखा कि शेर के पैर में एक कांटा चुभा हुआ है। पहले तो एंड्रोक्लीज़ को भय लगा, फिर हिम्मत कर वह शेर के पास पहुंचा। उसने शेर के पैर को अपने हाथों में ले कर कांटा निकाल दिया।

शेर ने कृतज्ञता के भाव से उसकी ओर देखा और चला गया।

इस घटना को कई वर्ष बीत गए। उन दिनों अपराध करने पर दंड पाए हुए अपराधी के सामने भूखा शेर छोड़ दिया जाता था। इस भयानक तमाशे को देखने के लिए चारों ओर जनता एकत्र हो जाती थी।

संयोग की बात। एंड्रोक्लीज़ के सामने वही शेर छोड़ा गया, जिसका कांटा उसने निकाला था। शेर उसके सामने आया। लेकिन अरे, यह क्या हुआ! चारों ओर खड़े लोग आश्चर्य से आंखें फाड़े देखने लगे। वे सोच रहे थे कि शेर थोड़ी देर में एंड्रोक्लीज़ का काम तमाम कर देगा। परंतु शेर उसके पास आया, उसकी ओर देखने लगा और फिर पालतू कुत्ते की तरह बैठ कर उसके पैर चाटने लगा।

पशु भी प्रेम और सहानुभूति पहचानते हैं। वे भी दूसरों के उपकार नहीं भूलते। फिर, हम तो इंसान हैं, हम दूसरों के उपकार क्यों भूलें?

❑ हर अच्छे काम में सहायता करो

लंका तक पहुंचने के लिए भगवान राम सागर पर पुल बंधवा रहे थे। भालू-बंदर बड़े-बड़े पत्थर उठा कर समुद्र में डाल रहे थे। तभी भगवान की दृष्टि पड़ी एक छोटी-सी गिलहरी पर पड़ी। वह बालू पर लोटती

जिससे उसके शरीर पर बालू के कुछ कण चिपक जाते थे। फिर वह उन चिपके हुए कणों को समुद्र में गिरा देती थी। वह लगातार इस काम को किए जा रही थी। भगवान् उसके पास गए, प्यार से उसे हाथों में उठा लिया, फिर बोले–यह तुम क्या कर रही हो?

गिलहरी बोली– बंदर-भालू तो बड़े-बड़े पत्थरों से पुल बांध रहे हैं। मैं छोटी-सी गिलहरी ऐसा तो नहीं कर सकती। हां, जितना बन पड़ रहा है मुझसे, उतना कर रही हूं। आप एक अच्छे काम के लिए निकले हैं। अच्छे काम में सहायता करनी ही चाहिए।

भगवान राम गिलहरी की बातों से बहुत प्रसन्न हुए। उन्होंने प्यार से उसके शरीर पर हाथ फेरा। कहा जाता है कि गिलहरी के शरीर पर जो धारियां दिखायी पड़ती हैं, वे भगवान राम की उंगलियों के निशान हैं।

ऐसा कभी मत सोचना कि तुम छोटे हो, इसलिए कुछ नहीं कर सकते। किसी भी अच्छे काम के लिए जितना और जैसा भी तुम कर सके हो, वह तुम्हें अवश्य करना चाहिए। हां, जो कुछ करो, मन लगा कर करो, हिम्मत से करो।

❑ फूल की तरह हलके बनो

एक था गरीब आदमी। पढ़ा-लिखा था, समझदार था, ईमानदार था। एक सेठ के पास पहुंचा और नौकरी के लिए याचना की। सेठ ने उसे एक छोटी नौकरी दे दी। गुण तो उसमें थे ही। जल्दी ही उसने तरक्की की और सेठ का मुनीम बन गया।

एक दिन सेठ ने देखा कि दोपहर की छुट्टी में मुनीम ने अपने कमरे का दरवाजा बंद कर लिया। सेठ को कुछ संदेह हुआ। अब वह रोज ही मुनीम पर निगाह रखता। हर रोज मुनीम दोपहर के समय अपने कमरे का दरवाजा बंद कर लेता। अब तो सेठ का संदेह पक्का हो गया। वह सोचने लगा–हो न हो, यह रुपये चुराता होगा और कमरा बंद करके कहीं छिपा कर रख लेता होगा।

एक दिन जैसे ही मुनीम ने कमरा बंद किया, सेठ वहां पहुंच गया और बोला–खोलो दरवाजा।

मुनीम ने दरवाजा खोल दिया और हाथ जोड़ कर खड़ा हो गया। सेठ की दृष्टि एक पुराने बक्से पर पड़ी जिस पर ताला लगा हुआ था। वह डांटते हुए बोला–खोला, यह बक्सा। मुनीम ने बहुत विनय से कहा–सेठ जी, इस बक्से में कोई खास चीज नहीं है, इसे मत खुलवाइए। अब तो सेठ का संदेह और भी पक्का हो गया। वह चिल्ला कर बोला–कुचैला कुर्ता और एक जोड़ी पुरानी चप्पल।

मुनीम ने हाथ जोड़ कर कहा–सेठ जी, ये वही कपड़े हैं, जिन्हें पहन कर मैं पहली बार आपके पास आया था। रोज दरवाजा बंद करके इन कपड़ों को देख लेता हूं। आज तो आपकी कृपा से अच्छा खाता-पहनता हूं, लेकिन इन्हें रोज इसलिए देखता हूं ताकि भूल न जाऊं अपने पुराने दिनों को और आपकी कृपा हमेशा याद आती रहे। सेठ मन ही मन शर्मिन्दा हो गया।

हमेशा सोचना चाहिए– किस-किस ने हमारी सहायता की, हमारी जरूरतें पूरी कीं, हमें ढाढ़स बंधाया, हमारे आंसू पोंछे, हमें सहारा दिया। हमेशा उनके प्रति कृतज्ञ रहना चाहिए।

❒ सबसे बड़ा खजाना

एक था लोहार। उसने एक बढ़ई के लिए हथौड़ा बनाया। हथौड़ा बहुत सुंदर और मजबूत था। बढ़ई ने सोचा–एक हथौड़ा और बनवा लूं। उसने लोहार से कहा–एक दूसरा हथौड़ा बना दो, लेकिन इस बार जो बनाना, वह पहले से भी अच्छा हो। तुम जितने दाम मांगोगे, मैं दूंगा।

लोहार ने कहा–नहीं, यह तो नहीं हो पाएगा।

बढ़ई ने कहा–क्यों, आखिर? तुम्हें तो मुंह-मांगे दाम मिल रहे हैं।

लोहार ने कहा–दाम की बात नहीं है। मैं जब कोई चीज बनाता हूं तो पूरी लगन से, पूरी योग्यता से सारी ताकत लगा कर बनाता हूं। मैंने पहला हथौड़ा बनाते समय ऐसा ही किया था। अब तुम्हीं बताओ, दूसरा हथौड़ा मैं उससे अच्छा कैसे बना सकता हूं? अगर मैं कहूं कि मैं ऐसा कर सकता हूं, तो इसका मतलब होगा कि पहले वाले हथौड़े में मैंने कुछ कसर छोड़ दी–लेकिन यह बात तो सही नहीं है।

कहने का यह मतलब है कि कोई भी काम करो तो उसे पूरे तन-मन से, मेहनत से करो। उसे अच्छे-से-अच्छा बनाने में कोई कसर मत छोड़ो।

❒ कमजोरियों से न डरें

एक व्यक्ति दूर कुएं से पानी निकालता था। दो बड़े घड़ों में पानी भरकर एक डंडे से कंधे पर लटकाता था और अपने मालिक को ले जाकर दिया करता था।

एक घड़ा सुंदर और साबुत था। दूसरे घड़े में एक छोटा सा छेद था जिससे पानी गिरता रहता था। मालिक के घर तक पहुंचते-पहुंचते वह घड़ा आधा खाली हो जाता था। मालिक को हमेशा उस फूटे घड़े की वजह से कम पानी मिलता था।

यह सिलसिला लगभग दो साल तक चलता रहा। साबुत घड़े को अपनी काबिलियत पर घमंड हो चुका था। फूटा घड़ा मन ही मन शर्मिंदा होता था।

एक दिन फूटे घड़े ने शर्मिंदा होकर रोते हुए अपने मालिक से कहा–मालिक, मुझे माफ कर दीजिए। मैंने कभी भी अपना काम अच्छे से नहीं किया।

मालिक ने कहा कि आज जब हम पानी भरकर वापस आएंगे तो तुम रास्ते में उगे खूबसूरत फूलों को गौर से देखना। पानी भरकर वापस आने के बाद पुनः फूटे घड़े ने आधा पानी गिरने के लिए क्षमा मांगी।

मालिक ने कहा तुमने शायद ध्यान नहीं दिया कि रास्ते में वे खूबसूरत फूल सिर्फ तुम्हारी तरफ ही उगे थे, साबुत घड़े की तरफ नहीं। मैंने तुम्हारी तरफ रास्ते में इन खूबसूरत फूलों के बीज डाल दिए थे और तुम दो साल से उनको सींच रहे हो। मैं उन फूलों के गुलदस्तों से मालिक का घर और ईश्वर का मंदिर सजाता हूं जिससे दोनों खुश रहते हैं।

यदि तुम ना फूटे होते तो ये फूलों की सुंदरता नहीं होती और ना ही मालिक का घर और ईश्वर के मंदिर की सजावट होती।

हम सब में बहुत-सी कमजोरियां हैं। हम सब फूटे हुए घड़े हैं। यदि हम अपनी कमजोरियों से न डरें, कर्म करते जाएं तो ईश्वर हमारी कमजोरियों को हमारी शक्ति में बदल देंगे। हमारे पास क्या नहीं है उस पर रोने की बजाय जो है, उसका शुक्रिया अदा करना चाहिए।

❑ नकारात्मक नहीं, सकारात्मक दृष्टि

एक धनी व्यक्ति अपने परिवार को लेकर एक गरीब बस्ती में गया ताकि वे देख सकें कि गरीबी क्या होती है। उसके साथ उसके दो नन्हें पुत्र थे।

उस बस्ती में एक पूरा दिन और रात बिताने के बाद वे दोनों वापस लौटे। घर पहुंचकर पिता ने पहले पुत्र से पूछा! बेटा, कैसा लगा उस गरीब बस्ती में समय बिताकर। पहले पुत्र ने कहा–पिताजी, गरीबी भयानक है। उनके घर में ना तो अच्छा कुत्ता है, ना ही स्वीमिंग पूल है। उनके घर में गार्डन भी नहीं है, वाकई पिताजी हम बहुत अमीर हैं।

पिता ने जवाब ध्यान से सुना और फिर दूसरे पुत्र से पूछा! बेटा, तुम्हें कैसा लगा वहां रात बिताकर! दूसरे पुत्र ने चेहरे पर मुस्कान के साथ कहा–पिता ज़ी, हम लोग कितने गरीब हैं उनके सामने, यह दिखाने के लिए शुक्रिया। हमारे पास सिर्फ एक कुत्ता है, उनसे पास चार हैं। हमारे घर में छोटा स्वीमिंग पूल है, उनके घर के पीछे तो पूरी नदी है। हमारे घर के अंदर छोटा-सा गार्डन है उनका घर तो विशाल गार्डन, प्राकृतिक गार्डन, जंगलों के बीच में स्वर्ग सा है। वाकई पिताजी, उन्हें प्रकृति की अपार सम्पदा मिली है।

नकारात्मक नहीं, सकारात्मक दृष्टि से देखो। एक ही चीज को देखने के अलग-अलग तरीके हो सकते हैं, हमेशा स्वस्थ और अच्छी दृष्टि रखो। गिलास आधा भरा है या आधा खाली, इसका निर्णय तुम्हें करना है।

❑ भाषण का भय

एक भारतीय महाराजा ने जघन्य अपराध वाले कैदियों को मौत की सजा सुनाई। उसने सिपाहियों से भरी जनता के बीच बंदियों को एक-एक करके शेरों के सामने डालने का हुक्म दिया।

जैसे ही पहले कैदी को शेरों के सामने डाला गया, कैदी ने उनके कानों में कुछ कहा और तुरंत शेरों ने अपना मुंह फेर लिया। राजा हैरान हुआ। इसके बाद और दूसरे कैदियों को शेरों के सामने डाला गया, सबने उनके कान में कुछ कहा और सबको शेरों ने खाने से इंकार कर दिया।

राजा परेशान होकर शेरों के बीच गया और इनसे इंकार का कारण पूछा बात क्या है। एक शेर ने कहा कि इन कैदियों ने हमें बताया है कि खाने के बाद आपका और मंत्रियों का भाषण सुनना पड़ेगा।

... ऐसे भाषण से तो भूखे रहना अच्छा है...।

❑ तीर्थयात्रा से मन नहीं बदलते

तीर्थाटन को जानेवाले कुछ ग्रामीण भाइयों ने संत तुकाराम से भी साथ चलने की प्रार्थना की। तुकारामजी ने अपनी असमर्थता प्रकट की। उन्होंने तीर्थयात्रियों को एक कड़वा घिया देते हुए कहा, कृपया इसे अपने साथ ले जाएं और जहां-जहां भी जाएं, इसे भी पवित्र जल में स्नान करा लाएं।

ग्रामीणों ने उनके गूढ़ार्थ पर गौर किए बिना ही वह कड़वा घिया ले लिया। अपने साथ उसे भी विभिन्न तीर्थों में स्नान कराते और मंदिरों में दर्शन कराते हुए वे अपने गांव वापस लौट आए। उन्होंने वह घिया संत तुकाराम को दे दिया। तुकारामजी ने सफल तीर्थयात्रा के उपलक्ष्य में सबको प्रीतिभोज पर आमंत्रित किया। तीर्थयात्रियों को विविध पकवान परोसे गए। तीर्थों में नहाये हुए घिया की तरकारी विशेष रूप से बनवाई गई थी। जब उन लोगों ने उसे खाना शुरू किया तो सबने पाया कि वह तरकारी कड़वी है। तुकारामजी को जैसे घोर आश्चर्य हुआ हो, उन्होंने कहा, यह तरकारी कड़वी कैसे हो सकती है? यह तो उसी घिया से बनी है, जो तीर्थस्थान कर आया है। बेशक यह तीर्थाटन से पहले कड़वा

था, मगर आश्चर्य है कि तीर्थस्नान के पश्चात् भी उसमें कड़वाहट विद्यमान है।

यह सुन उन तीर्थयात्रियों को बोध हुआ कि सिर्फ तीर्थयात्रा से मन निर्मल नहीं होता।

❐ तैमूर और चींटी

तैमूर के दुश्मनों ने उसका पीछा करना शुरू कर दिया तो वह घने जंगल में भाग गया और एक खंडहर में शरण ले ली। थकावट के कारण वह वहीं पर लेट गया। लेटे-लेटे वह देखता है कि एक चींटी चावल का दाना मुंह में दबाकर दीवार पर चढ़ रही है, पर वह दाना नीचे गिर गया वह फिर नीचे आ गई। कभी वह दाना गिरता, कभी वह गिरती। हर बार वह उस दाने को ले जाने में असफल हो रही थी। तैमूर चींटी के असफल प्रयासों को गिनता रहा। वह सोलह बार असफल हुई, लेकिन 17वीं बार वह दाना खींच ले जाने में सफल हो गई। उसी समय तैमूर को बिजली का करंट जैसा झटका लगा। वह तुरंत शत्रुओं से लड़ने वापस आ गया। चींटी का साहस जीवन भर उसका आदर्श बना रहा, क्योंकि चींटी ने अपना लक्ष्य पूरा करके ही दम लिया।

यह एक सफलता का मंत्र है, जो हमें इस चींटी के उदाहरण में भी मिलता है कि गिरो, उठो फिर आगे बढ़ो।

❐ देश जोड़ना है तो आदमी को जोड़ो

संत विनोबा भावे के पास एक दिन एक छात्र आया और प्रणाम करके उनके निकट बैठ गया। उसे देखकर विनोबाजी ने एक कागज के कई टुकड़े उसकी ओर बढ़ा दिए और कहा–इन्हें जोड़कर भारत का नक्शा बनाओ। वह छात्र उन टुकड़ों को बहुत देर तक जोड़ता रहा, लेकिन भारत का सही नक्शा नहीं बना सका। वहीं विनोबाजी के साथ चलने वाला युवक यह कार्यवाही देख रहा था। उस छात्र को निराश व उदास देखकर वह बोला–बाबा आप कहें तो मैं इस भारत के नक्शे को बनाऊं।

विनोबाजी ने कहा, हां, बनाओ, तुम भी कोशिश करो। अनुमति

मिलते ही उसने सारे टुकड़ों को जोड़कर भारत का नक्शा बना दिया। नक्शे को देखकर विनोबाजी ने पूछा–तुमने इतनी शीघ्रता से यह काम कैसे कर दिया? युवक बोला–बाबा, इन टुकड़ों के पीछे जहां एक ओर भारत का नक्शा है, वहीं पीछे एक आदमी का चित्र बना हुआ है। मैंने उस आदमी का चित्र जोड़ दिया और नक्शा अपने आप बन गया।

विनोबाजी ने उस छात्र से कहा–जीवन में यह बात गांठ बांध लो कि यदि हमें इस विशाल देश को जोड़ना है, तो उससे पहले यहां रहने वाले आदमियों को जोड़ना होगा। आदमी यदि जुड़ जाएगा, तो देश भी जुड़कर महान हो जाएगा।

❑ अपनी सुनो, दूसरों को छोड़ो

गर्मी का समय था। एक बाप अपने बेटे के साथ घोड़े की लगाम पकड़े पैदल चला जा रहा था। कुछ दूर चलकर पिता ने पुत्र को घोड़े पर बैठा दिया और स्वयं पैदल चल दिया। दो यात्री उधर से निकल रहे थे। पुत्र को घोड़े पर सवार देखकर एक ने कहा–कैसा नालायक बच्चा है? बाप पैदल चल रहा है और खुद घोड़े पर बैठा है।

लड़का स्वाभिमानी था उसे यह बात चुभ गई। वह चुपचाप घोड़े से नीचे उतर गया। अपने पिताजी से बोला–बापू, आप बैठिए घोड़े पर और लड़का पैदल चलने लगा। आगे जाने पर कुछ और लोग मिले और बोले–कैसा बाप है, जो बच्चे को पैदल चला रहा है और खुद लाट साहब बना घोड़े पर बैठा है? इस बात से पिता को धक्का लगा और घोड़े से उतर कर पैदल चलने लगा।

कुछ और आगे बढ़कर तीसरे प्रकार के लोग मिले और बोले–देखो, कैसे मूर्ख लोग हैं? घोड़ा होते हुए भी पैदल चले जा रहे हैं। अब पिता ने पुत्र से कहा–चल बेटा, हम दोनों इस पर बैठ जाते हैं। आगे चलकर दोनों ने किसी के इस व्यंग्य को भी सुना–अरे इस घोड़े को मारने का इरादा है क्या? पिता व पुत्र दोनों घबराकर नीचे उतर आए और एक पेड़ की छांव में बैठ गए। वे सोचने लगे, क्या किया जाए? यह दुनिया तो किसी हाल में हमको जीने नहीं देती।

पिता सारी स्थिति पर गौर करके पुत्र को समझाते हुए बोला– **बेटा, आज से एक बात गांठ बांध लो। हमेशा भीतर की आवाज सुनना, बाहर की सुनोगे तो किसी मुकाम पर नहीं पहुंच पाओगे?**

❑ क्या युधिष्ठिर ने जीता काल को?

यह बात महाभारतकाल की है। एक दिन गले में ढोल डालकर भीम स्वयं ही नगर में निकल पड़े और कहने लगे–नगरवासियो! आपको यह सुनकर प्रसन्नता होगी कि महाराज युधिष्ठिर ने काल को जीत लिया है। यह बात गुप्तचरों ने महाराज के कानों तक पहुंचा दी। भीम को दरबार में बुलाया गया। महाराज ने पूछा–क्या तुमने मेरे द्वारा काल जीतने वाली घोषणा की है? तुम्हारे द्वारा जनता में यह मिथ्या प्रचार करने का क्या कारण है?

शांत भाव से भीम ने उत्तर दिया–राजन! कल आपने ही तो एक ब्राह्मण के दान मांगने पर उससे कहा था, कल आना, तब मिलेगा। इस उत्तर से मैंने जाना कि आपको पक्का विश्वास था कि दूसरे दिन तक आप और ब्राह्मण जीवित रहेंगे। क्षमा करें, काल को वश में करने वाला ही किसी को ऐसा वचन दे सकता है, इसलिए मैं आनंदविभोर हो गया और उत्साह के आवेश में ढिंढ़ोरा करने निकल पड़ा।

युधिष्ठिर गंभीर हो गए। उस समय अधिक व्यस्त होने के कारण याचक को कल आने के लिए कह दिया था, पर गहराई से नहीं सोचा कि काल का क्या ठिकाना? उन्होंने सेवक भेजकर याचक को तलाशकर बुलाया और उसे जो देना था, सो दे दिया। उन्होंने प्रतिज्ञा ली कि वे वही कहेंगे, जो आज कर सकते हैं। कल पर कुछ नहीं टालेंगे।

●●●

शायरी... छंद... तुकबंदी...

... आज भी भारतीय परिवेश में सांस्कृतिक और संगीत समारोह में सबसे ज्यादा तालियां शायरी, तुकबंदी और छंद ही बटोरते हैं।

रोटरी, लायंस, जेसीस, सामाजिक संगठन, विभिन्न समुदाय और शैक्षणिक संस्थानों में नित्य ही सब को मंच पर जाना पड़ता है। और...! हर प्रस्तुति के पहले...! शुरू होता है शायरी और छंदों की तलाश का अनवरत सफर।

ये हैरानी की बात है कि गंभीर उर्दू शायरी पर आधारित सैकड़ों पुस्तकें आपको मिलेंगी पर सामान्य मंच पर बोलने योग्य छंद और शायरी पर कोई बेहतरीन किताब मुझे तो आज तक नहीं मिली। यदि आपकी जानकारी में कोई हो तो अवश्य बताना।

सामान्य अवसरों पर बोली जा सके ऐसी चंद शायरियां और तुकबंदी आप आगे के पृष्ठों में पढ़ेंगे। इनमें से अधिकांश मेरे स्वरचित खजाने की हैं। आप थोड़ा-सा हेर-फेर करके इनका अर्थ और उद्देश्य आवश्यकतानुसार बदल सकते हैं। यदि आप नए वक्ता हैं तो ये पंक्तियां आपके प्रारंभिक भाषणों में तालियों की कमी नहीं होने देंगी। यह मैं आपको सिर्फ प्रथम परिचय के लिए दे रहा हूं जो सामाजिक और सांस्कृतिक कार्यक्रमों में उपयोगी सिद्ध होगी, इसके आगे तलाश जारी रखिए।

है मन में कोई गीत, तो आज गुनगुना दीजिए,
कोई दुख कोई उलझन, तो हाल सुना दीजिए।
है मन में अगर प्रेम, तो मुस्करा दीजिए,
जो चलना हो साथ, तो हाथ बढ़ा दीजिए।

(बहुपयोगी; स्वरचित)

एक पल है प्यार का, बस बांट दीजिए,
गमों, दुखों की बेल को, यूं काट दीजिए।
उठा न पाए, मुश्किलें, फिर से सर कभी,
दुश्मनों में, दोस्तों को छांट लीजिए।

(बहुपयोगी; स्वरचित)

अतिथि देवो भवः, कहती भारत की ये धरा।
स्वागत करके आपका, हम निभा रहे परम्परा।

(स्वागत; स्वरचित)

ना कोई रंज, ना दुख..
ना किसी क्षण का मलाल...
जिंदगी जिए हर पल...
जैसे उड़ता गुलाल...
जो लगे चेहरों पर, न बचे पहचान...
ना जात-ना पात, रह जाए इंसान...

(होली, सामाजिक, स्वरचित)

आए हैं तो प्रेम का इक गीत सुनाकर जाइए,
अंधियारों के देश में उजियारा लेकर आइए।
मन का कोना-कोना रोशन हो जाए,
अपनी बातों से मन में एक दीप जलाकर जाइए।

(सामाजिक-सांस्कृतिक; स्वरचित)

हर शब्द में एक शास्त्र था,
हर वाक्य का कुछ मर्म था।
आपका साथ मिला कुछ पल,
ये जन्मों का सत्कर्म था।

(धन्यवाद-स्वागत; स्वरचित)

आपका आशीर्वाद पाने को,
हर शख्स यहां बेकरार था।
आज आया है वह दिन,
जिसका कब से इंतजार था।

(स्वागत; स्वरचित)

आपने हमारा, आग्रह स्वीकारा,
मन हुआ खुशियों से भारी।
सच्चे मन से दी थी आवाज,
कबूल हुई प्रार्थना हमारी।

(धन्यवाद-स्वागत; स्वरचित)

कलयुग के संसार में,
ढूंढ़ रहा था महात्मा।
आज हुए नतमस्तक हम,
मिली आप जैसी आत्मा।

(परिचय-स्वागत; स्वरचित)

संकटों में मुश्किलों में,
दो साथ तो फिर बात हो।
कठिन डगर भी हो आसां,
गर ऐसा साथी हो।

(बहुपयोगी; स्वरचित)

सब कुछ अपना लगा दांव पे, ऐसा अब संघर्ष कहां है,
जन-जन नाचे जन-जन गाए, ऐसा शाश्वत हर्ष कहां है।
सोख सके जो दुःख का सागर, ऐसा कुंभज आज कहां है,
मिटा सके जो गहन अंधेरा, ऐसा सूरज अभी कहां है।

(बहुपयोगी; संकलित)

कुछ परिंदे उड़ रहे हैं आंधियों के सामने,
उनमें ताकत न सही पर हौसला होगा जरूर।
इस तरह से गर नदी बहती रही तो देखना,
तय समंदर तक इक दिन फासला होगा जरूर।

(प्रेरक; संकलित)

जंग हो तो जीतने, का विश्वास होना चाहिए,
जीवन है तो उमंगों का आकाश होना चाहिए।
जिंदगी है खूबसूरत कितनी, आभास होना चाहिए,
मुश्किलें होगी आसां, तुझसा कोई पास होना चाहिए।

(बहुपयोगी; संकलित)

परमपिता परमेश्वर की अनोखी, सी संतान है ये,
प्रेम करुणा सहयोग की मूर्ति, बड़े सरल इंसान हैं ये।
कांटे देते खुद ही रास्ता, कदम जहां पड़ जाए इनके,
गर्व, उल्लास में हम सब डूबें, आज हमारे मेहमान है ये।

(परिचय-स्वागत; संकलित)

ना संघर्ष ना तकलीफें, क्या है मजा फिर जीने में।
तूफान भी थम जाएगा, जब लक्ष्य रहेगा सीने में।

(बहुपयोगी; संकलित)

माटी का पुतला हूं, आपसे जुदा नहीं हूं
गलती हो तो माफ करना, इंसान हूं, खुदा नहीं हूं

(धन्यवाद भाषण)

कुछ मंत्र पढ़ लेने से, भक्त भगवान नहीं होता।
दो सिक्के डाल कटोरे में, कोई महान नहीं होता।
खोई मानवता देख कर, अब कहता ये मन।
ये बस्ती शैतानों की, यहां इंसान नहीं होता।

(सामयिक; स्वरचित)

गुलाब की पत्तियों पर ओस की बूंदें,
लगता है प्रकृति मुस्करा रही है।
हवा है धीमी और पत्तों का हिलना,
न जाने किस बात पर ये डालियां इतरा रही हैं।
कहीं ये इशारा तो नहीं इस बात का
कि कुछ अलग बात लिए अगली प्रस्तुति आ रही है।

(सांस्कृतिक-सामाजिक-संगीत)

जब गायक मिलाएंगे सुर से सुर,
तब वादकों को भी ताल से ताल मिलाना होगा।
हमें कैसे आभास हो कि आप भी मौजूद हैं,
तालियां बजाकर उपस्थिति का एहसास करना होगा।

(सांस्कृतिक-सामाजिक-संगीत)

पंखों से अगर जान हो तो उड़ान तुमसे दूर नहीं,
दिल में अगर अरमान हो तो आसमान तुमसे दूर नहीं।
भक्ति के अंदाज अलग-अलग हो सकते हैं,
भक्ति में गर जान हो तो भगवान तुमसे दूर नहीं।

(बहुपयोगी; संकलित)

निगाहें आपकी पहचान है हमारी,
मुस्कराहट आपकी शान है हमारी।
और बजने दो, न रोको तालियों को,
क्योंकि तालियां आपकी जान है हमारी।

(सांस्कृतिक-सामाजिक-संगीत)

कौन पहुंचा है अपनी आखरी मंजिल तक,
हर किसी के लिए थोड़ा आसमान बाकी है।
ये तुझको लगता है तू उड़ने के काबिल नहीं,
मैं जानता हूं तेरे पंखों में अभी भी उड़ान बाकी है।

(प्रेरक; संकलित)

ईश्वर ने भी अनमोल रतन, गिनती के ही बनाए हैं।
उन रत्नों में सबसे कीमती, आज हमारे बीच में आए हैं।

(बहुपयोगी; स्वरचित)

प्रेम ठहरा पानी नहीं, बहती कल-कल धारा है
जितना बांटोगे उतना पाओगे, ये विश्वास हमारा है।

(बहुपयोगी; स्वरचित)

सुनकर कर दे कोई अनसुना, ऐसी इनकी आवाज नहीं
किसी महफिल में छुप जाये, ऐसे इनके अंदाज नहीं
मिलकर भूल जाए कोई, ऐसे इनके अल्फाज नहीं
सूरज से दमकते हैं ये, किसी परिचय से मोहताज नहीं

(बहुपयोगी; स्वरचित)

अपनी जमीं अपना आकाश पैदा कर
तू अपने लिये नया इतिहास पैदा कर
मांगने से खुशी कब मिलती है
तू अपने हर कदम पर विश्वास पैदा कर

(प्रेरक)

यह तो इक पड़ाव है, तुम्हें आगे बढ़ते जाना है
झरनों से संतोष न करना, पूरा सागर पाना है
छोटे शहरों के छोटे उत्सव, अब तुम्हारी मंजिल नहीं
सूरज की किरणों की तरह, तुम्हें दुनिया पर छा जाना है।

(प्रेरक)

मुश्किलों को रौंदना,
आओ अपना अंदाज कर ले
कल कभी आता नहीं
आज ही आगाज कर लें
एक संकल्प आओ हम,
जाबांज कर ले
गिरना, उठना, शिखर को छूना
घर-घर का रिवाज कर ले

(प्रेरक)

चांद से, फूल से,
या मेरी जुंबा से सुनिए
हर जगह आपका किस्सा है,
जहां से सुनिए

(स्वागत)

निराशों में आस पैदा करता है, दिलों में विश्वास पैदा करता है।
मिट्टी की तो बात अलग है, ईश्वर तो पत्थरों में कोमल घास पैदा करता है।

(भक्ति)

माली के बिना बहार नहीं होती,
जनता के बिना सरकार नहीं होती,
कुछ किये बिना जय जयकार नहीं होती,
मेहनत करने वालों की कभी हार नहीं होती।

तू अपनी जमीं, अपना आकाश पैदा कर,
तू अपने लिये नया इतिहास पैदा कर,
मांगने से खुशी किसी को नहीं मिलती,
तू अपने हर कदम पर विश्वास पैदा कर।

(बहुपयोगी; स्वरचित)

•••

प्रभावी भाषण व बातचीत पर लोगों की राय

क्या इफेक्टिव स्पीकिंग सफलता
के लिए जरूरी है?

क्या इसके बिना स्कूली शिक्षा अधूरी है?

हमने बातचीत से जानी कुछ की
राय और दिल के उद्‌गार

इनमें डॉ. उज्जवल पाटनी के
छात्र भी थे और अन्य

आइए पढ़ें, उनके अपने शब्दों में
एक शिक्षक, मैनेजर, गृहिणी, छात्र,
फैशन डिजाइनर, सामाजिक कार्यकर्ता
और बीमा अभिकर्ता

प्रभावी बोलने की कला विभिन्न क्षेत्रों में सफलता हेतु कितनी महत्त्वपूर्ण है, ये जानने के लिए हमारी टीम ने एक अनौपचारिक सर्वे किया।

एक शिक्षिका की राय

मैं केमिस्ट्री पढ़ाती हूं और हमारे स्कूल में केमेस्ट्री के चार शिक्षक हैं। हम चार में से एक शिक्षक को छात्र बहुत ज्यादा पसंद करते हैं, उनके पढ़ाए हुए अध्यायों में वो बेहतरीन अंक पाते हैं। हम तीन बचे हुए टीचर एक समान योग्यता होने के बाद भी छात्रों में पॉपुलर नहीं हैं। उनकी पढ़ाने की शैली इतनी चटपटी और सरल है कि जटिल से जटिल फार्मूला भी छात्रों के दिमाग में आसानी से चला जाता है। हम तीनों में इस वजह से काफी हीन भावना आती जा रही है। मुझे अब अपनी बातों को इंटरेस्टिंग और इफेक्टिव बनाने के लिए एक्सपर्ट की सलाह चाहिए।

– अपर्णा दत्ता

वरिष्ठ व्याख्याता, कोलकाता

एक मैनेजर की राय

मैंने मार्केटिंग में एम.बी.ए. किया है। मुझे अपनी कंपनी में एक बेहतरीन मैनेजर के रूप में जाना जाता है और मैं विक्रय के सभी लक्ष्य प्राप्त करता हूं। लेकिन मेरी एक बहुत बड़ी कमजोरी है जब भी मुझे बहुत सारे कर्मचारियों की एक साथ मीटिंग लेनी होती है या वार्षिक बैठक होती है, उसके कई दिन पहले से ही मन में भय आ जाता है। मैं बड़े समूहों के बीच आत्मविश्वास से अपनी बात कह नहीं पाता। अब यही कमजोरी मेरी तरक्की में बाधा बन रही है। हमें कॉलेज में वन-टू-वन मार्केटिंग में तो गुरु बना दिया जाता है परंतु बड़े एक्सपोजर नहीं मिल पाते। दिसंबर में मैंने स्पीच गुरु डॉ. पाटनी की एक वर्कशाप में हिस्सा लिया। मैं कभी यह सोच भी नहीं सकता था कि प्रभावी बोलना इतनी आसानी से सीखा जा सकता है, नहीं तो बचपन से आज तक मैं यह हीन भावना लेकर बड़ा नहीं होता। पहले ही सीख लेता।

–वी. राव

मैनेजर (मार्केटिंग) क्रेडिट कार्ड डिवीजन, चैन्नई

एक गृहिणी की राय

मैंने कभी भी प्रभावी भाषण, प्रभावी बातचीत या संप्रेषण जैसे विषयों को महत्त्व नहीं दिया। मुझे यह सब कोरी बकवास लगता था। परंतु थोड़े दिन पहले मेरी बेटी निशा जो क्लास-2 की छात्रा है, मुझसे कहने लगी–"मम्मी स्कूल में "टी.वी. से युवावर्ग पर दुष्प्रभाव" पर डिबेट प्रतियोगिता है, आपको मुझे पूरा मैटर लिखवाना होगा।" मुझे लगा कि ये तो सामान्य सा विषय है, हो जाएगा। जब मैं और निशा लिखने बैठे तो अचानक ही मेरे दिमाग में विचार आने बंद हो गए। क्या लिखूं, उसे क्या बताऊं, कुछ समझ नहीं आ रहा था। मेरी बेटी के चेहरे पर थोड़े अजीब से भाव आए परंतु उसने मुझसे कहा "कोई बात नहीं मम्मी, मैं अपने दोस्त रीना की मम्मी से पूछ लूंगी।" मुझे मन ही मन बहुत दुख हुआ, परंतु मैंने निश्चय किया है कि मैं ऐसा दुबारा नहीं होने दूंगी। मेरे पति एक बैंक मैनेजर हैं, वह भी अपने ऑफिस में आत्मविश्वास के साथ प्रस्तुति नहीं कर पाते। मुझे लगता है प्रभावी बोलना व्यक्तित्व के सबसे महत्त्वपूर्ण गुणों में से एक है।

–मालिनी शर्मा
गृहिणी, नागपुर

एक छात्र की राय

हमारा पूरा ग्रुप एक बुद्धिमान ग्रुप है। मुझे भी खुद पर पूरा विश्वास था कि मैं लिखित परीक्षा में पास हो जाऊंगा परंतु ग्रुप डिस्कशन और इंटरव्यू का भय दिमाग में भरा था। ऐन वक्त पर हमने ग्रुप डिस्कशन और इंटरव्यू का डर मिटाने के लिए पुस्तकें पढ़नी शुरू की, धीरे-धीरे थोड़ा कम हुआ। जैसे ही इंटरव्यू शुरू हुआ, मुझे घबराहट के मारे चक्कर सा आने लगा। मैं उस इंटरव्यू में असफल हो गया। मुझे बहुत गुस्सा आया खुद पर कि मैं साल भर सिर्फ पुस्तकों में घुसा रहा, दूसरी खूबियों के बारे में कुछ नहीं सोचा और ना ही कभी स्कूल में इस पर जोर दिया गया। अब डॉ. पाटनी की स्पीच वर्कशॉप के बाद मैं विश्वास से कह सकता हूं कि प्रभावी बोलना कोई जन्मजात गुण नहीं वरन उसे आसानी से सीखा जा सकता है।

–नवनीत जायसवाल
सिविल सर्विसेस, प्रतिभागी, आगरा

एक फैशन डिजाइनर की राय

मैंने बी.कॉम. के बाद फैशन डिजाइनिंग में एडमिशन लिया। भिलाई में निफ्ड में कोर्स के दौरान मुझे डिजाइनर्स मीट में विशाखापट्टनम जाने का मौका मिला। सांस्कृतिक और नृत्य कार्यक्रमों में तो मैंने काफी इनाम जीते थे परंतु माइक का सामना कभी नहीं किया था। विशाखापट्टनम में देश भर के डिजाइनर्स के बीच मेरी ड्रेस को सर्वश्रेष्ठ चुना गया। वो मेरे जीवन का अद्भुत क्षण था। इतने भव्य स्टेज पर स्टार्स के बीच जब मंच पर मुझे बुलाया गया तो माइक को सामने देख मेरे शब्द रुक गए। कुछ भावनाओं का बहाव भी था और कुछ माइक का डर। कहना तो बहुत कुछ चाहती थी परंतु सिर्फ दो शब्द कह कर उतर आई। मुझे अफसोस है कि मैं उन सब लोगों को अच्छे से धन्यवाद नहीं दे पाई जिनकी वजह से उस मुकाम तक पहुंची। मैं माइक पर न बोलने की क्षमता की वजह से अपने कैरियर का नुकसान नहीं कर सकती। हमारा पूरा ग्रुप डॉ. पाटनी की आगामी ऑडियो-वीडीयो आधारित कम्यूनिकेशन वर्कशॉप करने जा रहा है।

–खुशबू जैन

एन.आई.एफ.डी., भिलाई

एक बीमा अभिकर्ता की राय

मुझसे ज्यादा इसका महत्त्व और कौन जान सकता है। 3 महीने पहले हमारे ग्रुप के सभी एजेंटों की वर्कशाप थी। हर ऐजेंट ने बारी-बारी से अपनी बात कही। सबने कहा कि बीमा में अब बहुत-सी निजी कंपनियां आ गई हैं और अब यह सरल नहीं रहा। मेरा साथी नरेन्द्र भल्ला जब माइक पर आया तो हमेशा की तरह ऊर्जावान और आत्मविश्वास से भरा हुआ था।

उसने कहा कि अब बीमा क्षेत्र में काम करने में हम सबको कोई दिक्कत नहीं होगी क्योंकि अब बीमा क्या है और क्यों जरूरी है यह समझाने की मेहनत नहीं करनी पड़ेगी। अब सीधे जाओ और बीमा करो। बाकि प्रचार का काम दूसरी कंपनियां करेगी। कमाने का इससे बेहतर समय फिर नहीं आएगा। मंच पर बैठे वरिष्ठ अधिकारियों ने खड़े होकर उसके लिए तालियों बजाई। उसने शब्दों से एक बार फिर सबको जीत लिया था। वह हर साल

अपने पिछले प्रदर्शन को ध्वस्त करके नया रिकार्ड बनाता है और उसका एक ही प्रिय वाक्य है–**मैं तो जबान की खाता हूं।**

उसे देखकर लगता है कि प्रभावी बोलने की कला शायद सफलता का सबसे छोटा रास्ता है। उसने मुझे व्यक्तित्व विकास प्रशिक्षक डॉ. उज्जवल पाटनी की "प्रभावी भाषण कैसे दें" नामक सी.डी. दी, उसे सुनकर ऐसा लगा कि यह कला पूरी तरह वैज्ञानिक नियमों पर आधारित है और इसे सीखा जा सकता है।

–नव्या मेहता

अहमदाबाद (गुजरात)

●●●

शब्दों और कर्मों की प्रशंसा

बड़ी सोच इनकी शक्ति है। दुर्लभ सपने देखने और उन्हें साकार करने वाले डॉ. पाटनी और उनकी टीम पर भारत को गर्व है।

श्री अनूप जलोटा
भजन सम्राट (भारत)

यह किताब प्रभावी भाषण कला, प्रभावी बातचीत, ग्रुप डिस्कशन और एंकरिंग जैसे विषयों को विस्तार से समेटे हुए हैं। यह किताब मीडिया और मार्केटिंग के वर्तमान युग में सफलता का मूलतंत्र है।

नवभारत

डॉ. पाटनी एक स्पीच गुरु के रूप में लोकप्रिय हैं। उनकी यह पुस्तक हर वर्ग, उम्र और कार्यक्षेत्र के लिए बेहद उपयोगी है।

सेन्ट्रल क्रॉनिकल

डॉ. उज्जवल पाटनी एक बेहतरीन प्रेरक और मैनेजमेंट गुरु हैं। सिंगिंग मेराथन नामक अद्भुत गिनीज विश्व रिकॉर्ड के पीछे डॉ. पाटनी का ही मस्तिष्क था।

द हितवाद

डॉ. उज्जवल पाटनी एक क्रांतिकारी विचारक है। आपकी मान्यताओं को ध्वस्त करके वो आपको सकारात्मक बना देंगे। बहुआयामी शिक्षा, आसमानी इरादे और नजरिया उनकी शक्ति है।

डॉ. नीरज भारद्वाज
निश्चेतनारा विशेषज्ञ (इंग्लैण्ड)

उनकी कार्यशाला एक अद्‌भुत अनुभव थी। मंच और माइक का सारा भय दूर हो गया। अब मैं यकीन से कह सकता हूं कि अच्छे वक्ता जन्मजात नहीं होते बल्कि वो अभ्यास से बनते हैं। डॉ. पाटनी प्रेरक के रूप में मस्तिष्क को जागृत कर देते हैं।

ए. वीरवानी
चार्टर्ड एकाउण्टेंट (दुबई)

विश्वस्तरीय उपलब्धि हासिल करने वाले डॉ. पाटनी और उनकी टीम पर हमें गर्व है।

डॉ. रमनसिंह
मुख्यमंत्री, छत्तीसगढ़ (भारत)

डॉ. पाटनी की एक कार्यशाला में हिस्सा लेते ही आपके अंदर एक नये वक्ता का जन्म होगा। वो सच्चे अर्थों में एक स्पीच गुरु है।

एन. एम. कुमार
मैजिक फार्मा

डॉ. उज्जवल पाटनी की इस किताब को पढ़कर सामान्य व्यक्ति भी अच्छे वक्ता बन सकते है। डॉ. पाटनी युवा पीढ़ी के व्यक्तित्व विकास की दिशा में अद्‌भुत कार्य करते हैं।

बबनप्रसाद जी मिश्र
पूर्व संपादक-नवभारत
दैनिक भास्कर

डॉ. उज्जवल पाटनी अपनी कार्यशालाओं में गीता, रामायण और जिनवाणी के अंशों का उपयोग करके श्रोताओं को चमत्कृत कर देते हैं। उनके अंदर प्रभावशाली रूप से घंटों धाराप्रवाह बोलने की अद्‌भुत क्षमता है।

अहिंसा टाइम्स

बहुत सारे लोग अच्छा बोलने की क्षमता रखते हैं परंतु संसार में बहुत कम लोग अच्छा बोलने का प्रशिक्षण दे पाते हैं। डॉ. उज्जवल पाटनी एक वक्ता और वक्तृत्वकला प्रशिक्षक दोनों ही रूप में श्रेष्ठ हैं।

गणतंत्र ओझा
अधिशासी निदेशक (भिलाई इस्पात संयंत्र)

डॉ. उज्जवल पाटनी विषमताओं में संभावनाएं तलाश करने का सिद्धांत बताते हैं और सुनने वालों को अपनी बातों पर गहराई से सोचने को मजबूर कर देते हैं। अपनी कार्यशालाओं में वे प्रतिभागियों की सारी झिझक और भय हटाकर उनके सच्चे व्यक्तित्व को बाहर ले आते हैं।

निधि अग्रवाल
बिजनेस वूमैन

डॉ. पाटनी का "एक दूजे के लिए" कार्यक्रम वैवाहिक जीवन की नीरसता और मतभेदों को हटाकर संबंधों में नये रंग भरता है। डॉस, रोमांस और भीने संगीत से सजी यह कपल कार्यशाला भारत में अपने तरह की अनूठी पहल है।

डॉ अनय संजना
प्रतिभागी

संदर्भ एवं आभार

- ए.पी.एस.आई. –टोनी एंटियन
- प्रेरक प्रसंग –राजस्थान पत्रिका
- सुनो कहानी –स्वामी रामराज्यम
- स्पीकिंग इज मैजिक –मैक मेनर
- स्पीचक्राफ्ट मैनुअल –इंडियन जेसीस
- जोन ट्रेनर्स मैनुअल –इंडियन जेसीस
- पब्लिक स्पीकिंग –सुजान आस्बार्न, माइकल आस्बार्न
- हाउ टू रीड ए पर्सन लाइक ए बुक –जिराल्ड निरेनबर्ग एंड हेनरी एच. कालेरो
- द ग्रेटेस्ट स्पीकर्स –माइक जानसन
- दी पावर टू इन्फ्लुएंस पीपुल –ओ.ए. बाटिस्ट
- वेन द लिटिल थिंग्स काऊंट –बारबरा पेक्टर
- बॉडी लैंग्वेज –जूलियस फास्ट
- द आर्ट ऑफ नेगोशियेटिंग –जिराल्ड एल. निरेनबर्ग
- द वन मिनट अपोलॉजी –केन ब्लांकर्ड
- टिट-बिट्स –एलान फार्मा
- रिच डैड, पुअर डैड –राबर्ट कियोसाकी

●●●

Log on to : www.ujjwalpatni.com

डॉ. उज्जवल पाटनी के ट्रेनिंग कार्यक्रमों की जानकारी

विश्व स्तर पर 100 से ज्यादा शहरों में कार्यक्रम	दो लाख से ज्यादा प्रतिभागी सेमिनार में
25,000 से ज्यादा प्रतिभागी कार्यशालाओं में	अनेक देशों में 100 से ज्यादा संतुष्ट कंपनियाँ एवं संस्थान
उच्चतम प्रभावकारिता वाली ISO 9001 : 2008 कंपनी	सिक्स स्टार ट्रेनिंग सिस्टम के जन्मदाता
हिन्दी व अंग्रेजी, दोनों भाषाओं में प्रशिक्षण कार्यक्रम	पर्सनालिटी प्लस इंटरनेशनल से संबद्ध
मोडयूल आवश्यकतानुसार डिजाइन करने हेतु रिसर्च टीम	शासकीय प्रशिक्षण हेतु विशिष्ट कंपनी **मेडिडेन्ट इंडिया**

प्रशिक्षण के प्रमुख क्षेत्र

- पावर थिंकिंग
- नेटवर्क मार्केटिंग
- व्यक्तित्व विकास
- कारपोरेट प्रशिक्षण
- रिटेल ट्रेनिंग कार्यक्रम
- लीडरशीप डेवलपमैण्ट
- ट्रेन द ट्रेनर
- प्रभावी बोलने की कला
- सौ से ज्यादा अन्य प्रशिक्षण कार्यक्रम

प्रशिक्षण कार्यक्रमों के बारे में अधिक जानकारी हेतु संपर्क -

वेबसाइट - www.ujjwalpatni.com
ईमेल - training@ujjwalpatni.com, pppptd@gmail.com
फोन - 09229386002, 09229186001